O CATADOR E O PRESIDENTE

A vida de Telines Basílio do Nascimento Junior

Editora Appris Ltda.
1.ª Edição - Copyright© 2022 dos autores
Direitos de Edição Reservados à Editora Appris Ltda.

Nenhuma parte desta obra poderá ser utilizada indevidamente, sem estar de acordo com a Lei nº 9.610/98. Se incorreções forem encontradas, serão de exclusiva responsabilidade de seus organizadores. Foi realizado o Depósito Legal na Fundação Biblioteca Nacional, de acordo com as Leis nᵒˢ 10.994, de 14/12/2004, e 12.192, de 14/01/2010.

Catalogação na Fonte
Elaborado por: Josefina A. S. Guedes
Bibliotecária CRB 9/870

B523c 2022	Bernasconi, Ana Maria
	    O catador e o presidente : a vida de Telines Basílio do Nascimento Junior / Ana Maria Bernasconi ; coordenação Aparecida Queiroz .
	    - 1. ed. - Curitiba : Appris, 2022.
	    150 p. ; 21 cm.
	
	    Inclui referências.
	    ISBN 978-65-250-3833-9
	
	    1. Nascimento Junior, Telines Basílio do - Biografia. 2. Meio ambiente. 3. Cooperativismo. I. Queiroz, Aparecida. II. Título.
	
	                                    CDD – 920

Livro de acordo com a normalização técnica da ABNT

Appris
editora

Editora e Livraria Appris Ltda.
Av. Manoel Ribas, 2265 – Mercês
Curitiba/PR – CEP: 80810-002
Tel. (41) 3156 - 4731
www.editoraappris.com.br

Printed in Brazil
Impresso no Brasil

Ana Maria Bernasconi

Coordenação de Aparecida Queiroz

O CATADOR E O PRESIDENTE
A vida de Telines Basílio do Nascimento Junior

FICHA TÉCNICA

EDITORIAL	Augusto Vidal de Andrade Coelho
	Sara C. de Andrade Coelho
COMITÊ EDITORIAL	Marli Caetano
	Andréa Barbosa Gouveia (UFPR)
	Jacques de Lima Ferreira (UP)
	Marilda Aparecida Behrens (PUCPR)
	Ana El Achkar (UNIVERSO/RJ)
	Conrado Moreira Mendes (PUC-MG)
	Eliete Correia dos Santos (UEPB)
	Fabiano Santos (UERJ/IESP)
	Francinete Fernandes de Sousa (UEPB)
	Francisco Carlos Duarte (PUCPR)
	Francisco de Assis (Fiam-Faam, SP, Brasil)
	Juliana Reichert Assunção Tonelli (UEL)
	Maria Aparecida Barbosa (USP)
	Maria Helena Zamora (PUC-Rio)
	Maria Margarida de Andrade (Umack)
	Roque Ismael da Costa Güllich (UFFS)
	Toni Reis (UFPR)
	Valdomiro de Oliveira (UFPR)
	Valério Brusamolin (IFPR)
SUPERVISOR DA PRODUÇÃO	Renata Cristina Lopes Miccelli
REVISÃO	Katine Walmrath
PRODUÇÃO EDITORIAL	Priscila Oliveira da Luz
DIAGRAMAÇÃO	Bruno Ferreira Nascimento
CAPA	Lívia Costa

NOTA AO LEITOR

Trazer ao conhecimento da sociedade e propagar sobre a importância da profissão de catador e de sua inclusão social, bem como aprender a respeitar esta categoria, que está tão presente em nossas vidas e ao mesmo tempo passa quase sempre despercebida, é o objetivo maior deste livro.

Ele traz inicialmente a biografia de Telines Basílio do Nascimento Junior, que em São Paulo é conhecido pela alcunha de Carioca, mas que na sua infância em Nova Iguaçu, Rio de Janeiro, tinha outros apelidos, como Timbuca ou Telininho.

Carioca nasceu meses após o golpe militar de 1964 e cresceu no Brasil da ditadura, com o governo batendo à porta, atrás de sr. Telines, o pai detentor de uma verdade, uma esperança e um idealismo, com os quais aqueles tempos não permitiam sonhar...

Adolescente irrequieto, dividiu essa etapa de sua vida entre três mães, resolveu partir para a cidade grande para tentar novas experiências. O destino quis transformá-lo por 12 anos em catador, derivando pelas ruas de São Paulo para ganhar seu sustento, até que seu caminho começa a mudar de curso, ao ingressar para a Cooperativa Coopercaps e conhecer Margarida, sua companheira de toda uma vida. Ele começa então a colher algumas vitórias, não sem muito esforço, luta e sacrifício. Mais tarde, vem a presidência da cooperativa; o Japão; a faculdade e a superação com muitas outras conquistas.

Em um segundo momento, trazemos uma realidade que muitas pessoas teimam em fingir que não lhes pertence: a compreensão sobre o problema ambiental; a reciclagem; o cuidado com a natureza e com a Terra; os deveres que todas as pessoas, como cidadãs e cidadãos, têm obrigação de aplicar, incluindo como lidar com o consumo e com a emergência a que chegou o planeta.

Em uma linguagem acessível, são trazidos conceitos básicos sobre meio ambiente, conscientização ecológica e também, brevemente, a lei ambiental sobre os crimes que muitos cometem até mesmo sem saber, assim como a realidade destas preocupações em outros países.

E para terminar, a frase de Carioca que é quase um mantra: o foco principal e maior de uma cooperativa é reciclar vidas!

Aos nossos tombos e àqueles que contribuíram para que tombássemos,
pois a partir deles é que aprendemos a nos reerguer...

AGRADECIMENTOS

À querida Aparecida Queiroz, por sua estoica e inabalável perseverança para que esta obra se realizasse.

À generosidade de Cleber Monteiro do Nascimento e Claiton Monteiro do Nascimento, irmãos mais velhos de Telines, que em muito contribuíram para esta biografia, por meio de entrevistas a mim concedidas, relembrando fatos de um tempo da infância, de quando Carioca era muito pequeno para se lembrar.

À Dona Margarida e Joselma, que relataram com muita gentileza as suas lembranças.

À colaboração das cooperadas e dos cooperados da Coopercaps, pelos comoventes depoimentos por eles trazidos.

À estimada amiga e escritora Giovana Umbuzeiro Valent pelas sábias palavras.

A Lucas e Thais, pelos acertados conselhos e pelo apoio no decorrer desta escrita. Aprendo tanto com meus filhos quanto aprendi com meus pais.

E é claro, ao Carioca, que relatou com minúcias e com o coração aberto, em prolongadas horas, as sagas por ele vividas.

APRESENTAÇÃO

Este livro foi escrito no ano de 2019. De lá até hoje, como sabemos, muita coisa mudou no mundo, porém optamos por manter suas páginas em sua forma original, sem alterações, sem corrermos o risco de anacronismos. Em acréscimo a isso, o penúltimo e o último capítulos, os de número 20 e 21, nos trazem uma atualização do que ocorreu desde então até os dias de hoje.

As páginas a serem lidas relatam a trajetória das cooperativas de coleta seletiva e da reciclagem no Brasil, o seu desenvolvimento, os enfrentamentos e as dificuldades encontradas ao longo do caminho, trazidos a partir do olhar de Carioca, um ex-catador de resíduo sólido e atual presidente de cooperativa, cuja história é mesclada à narrativa, história essa que acaba por resumir a de tantos outros de seus pares pela similaridade e proximidade da luta. Existe muita identificação entre eles. São memórias, lembranças e vivências que em muito se confundem. São caminhos paralelos que se encontram em conformidade e parecença. Descrevendo sobre um, acabamos relatando também sobre os outros...

PREFÁCIO I

Quando comecei a trabalhar na reciclagem, quase não se falava nesse tema. Era algo tão novo e inovador. O início se deu junto ao Grupo Pão de Açúcar na Estação de Reciclagem Pão de Açúcar Unilever.

O projeto compreendia cinco estações, logo em seguida, pelo sucesso de participação do público, foi para 12, chegando a quase 1.000 estações entre Pão de Açúcar e Extra Brasil.

A estação era composta por uma estrutura física e um agente ambiental que tinha a função de organizar e promover a conscientização das pessoas sobre o que podia ou não reciclar. Aparecia de tudo... janelas quebradas, portas, material sujo e até gato morto. O resíduo coletado ia para uma empresa particular.

Com a evolução do projeto, os materiais começaram a ir para as Cooperativas de Reciclagem, que eram bem desorganizadas... umas nem teto tinham...

Daí, um belo dia, apareceu aquele homem alto, forte, com expressão de justo e um baita crucifixo no peito, que eu não conseguia tirar os olhos de tanto que me chamou a atenção, se apresentando como presidente da cooperativa Coopercaps. Quando ele começou a falar sobre suas ideias, forma de gestão e propósitos para trabalharmos juntos, eu me lembro que me sentei e pensei que estava sonhando.

Quem era aquele homem, de jeito simples, prático e querido por sua cooperativa que surgia num túnel sem luz para fazer esse tal cooperativismo parar em pé? Decidi acreditar nele e foi a melhor decisão de gestão da minha vida!

Aos longos dos anos, ele se tornou nosso grande parceiro, meu amigo pessoal e consultor de todos os assuntos pertinentes à cooperativa.

Minha admiração por ele é sempre crescente, seja por tudo que ele já fez e por tudo que eu sei que ele fará.

Então um pensamento crescente começou a me incomodar.... Uma história como a dele teria que ser contada em livro e confesso que só estarei feliz quando ela se tornar um filme, porque ele sou eu, você, todos nós, pessoas com sonhos, objetivos e dificuldades.

A trajetória do Carioca é inspiradora para nunca desistir ou procurar atalhos que não sejam sua verdade pura!

Assim sendo, todas as vezes que eu o via, perguntava: "Carioca, quando faremos seu livro?". E ele me respondia "ainda não sei, mas não se preocupe que o farei com você". E como não podia se esperar nada menos do que a grande nobreza de alma desse homem, um dia recebo uma ligação dele me dizendo: "vamos lá escrever meu livro!".

Fiquei tão feliz! Procurei a Aninha, que tem o dom das letras, para fazer jus ao meu querido Carioca e, dessa forma, estamos aqui com o livro pronto.

Carioca, Margarida, a todos da família Coopercaps, expresso aqui minha admiração, meu respeito e carinho. Contem comigo sempre!

Gratidão a todos!

Aparecida Queiroz Santos

Administradora de Empresas. Pós-graduada em Marketing e Práticas Integrativas Atuante no segmento de Projetos Ambientais há mais de 25 anos com ênfase em Gestão Financeira, Recursos Humanos e Projetos Especiais

PREFÁCIO II

Conheci o Telines Basílio do Nascimento Junior em 2013 por ocasião de uma pesquisa que tinha por escopo conhecer os principais entraves que comprometiam o crescimento e desenvolvimento das cooperativas de catadores de recicláveis na cidade de São Paulo.

O nosso primeiro encontro presencial se deu em uma ensolarada manhã de sábado na sede da Coopercaps em Interlagos, zona sul de São Paulo. Ao chegar para a entrevista, deparei-me com um corpulento senhor que já me aguardava e que já engatou na saudação inicial palavras que transformaram aquele momento no surgimento de uma grande admiração, respeito, sinergia, empatia, parceria e amizade que tenho pelo Carioca.

Esse primeiro contato deixou-me convicto de que estava diante de um ser humano de valores e propósitos muito bem definidos, de uma história de vida esculpida na resiliência, de alguém que acredita na coletividade e de um líder carismático e pragmático.

Nesta biografia podemos adentrar no ambiente real das cooperativas de catadores e catadoras, pois o Carioca tem lições profundas e sem dúvida é uma das poucas pessoas que personifica e exemplifica a mais perfeita tradução do universo dos catadores e catadoras, bem como da realidade que circunda as cooperativas.

Este livro traz mais do que memórias, olhares, opiniões, experiências e percepções. Estamos diante de uma saborosa história de vida e, se fôssemos aqui brincar de escrever uma receita indubitavelmente nos depararíamos com ingredientes dos mais simples aos mais sofisticados e exóticos, que tem no líder Carioca a plena harmonização.

Esta obra é uma rara ocasião que temos de nos aproximar para conhecer o mundo da catação de "lixo". A oportunidade de imergir em um mundo em que a força de trabalho não é a única condicionante para tornar exitoso. Há de ter, resiliência, motivação, sagacidade, espiritualidade, empatia, fraternidade, espírito de grupo e coletividade.

Teremos o ensejo aqui de ter iluminado o papel dos catadores e catadoras de reciclados, invisíveis em sua grande maioria e na maior parte de seu cotidiano, mas que esta publicação tem grande poder de chamar atenção de todos que ainda não estão conectados e não conseguem mensurar o quão valorosos são essas mulheres e homens que atuam na gestão e gerenciamento de resíduos sólidos.

Por derradeiro, esta obra consagra um compromisso de vida que o Carioca tem em relação aos seus companheiros e companheiras. Esta publicação é sobre ter e manter a esperança, acreditar e buscar superação, pois apresenta a história de um brasileiro que na montanha russa de sua vida experimentou muitas histórias e sobre elas nos contará do seu "jeitão": franco; positivo; solidário; emotivo; empreendedor; espirituoso; ranzinza saudoso e, sobretudo, humano e vencedor.

José Valverde Filho

Atual Coordenador Executivo do Comitê da Integração de Resíduos Sólidos da Secretaria de Infraestrutura e Meio Ambiente do Governo do Estado de São Paulo; docente da PUC, da Universidade de São Caetano do Sul e docente convidado na Faculdade de Saúde Pública da USP

SUMÁRIO

PARTE 1
O CATADOR

INTRODUÇÃO
O TESOURO VELADO.......................................19

CAPÍTULO 1
O PAÍS DO CARIOCA.....................................21

CAPÍTULO 2
AS TRÊS MÃES...23

CAPÍTULO 3
A VIDA EM NOVA IGUAÇU................................29

CAPÍTULO 4
O QUE A POLÍCIA FAZ AQUI? 33

CAPÍTULO 5
QUEM VAI A SP NUNCA VOLTA O MESMO.................38

CAPÍTULO 6
NADA É POR ACASO: O CATADOR 43

CAPÍTULO 7
NEM TODO ANJO VEM DO CÉU!..........................46

CAPÍTULO 8
APARECEU A MARGARIDA...............................50

CAPÍTULO 9
"TELININHO MORREU!" 57

CAPÍTULO 10
AS RODAS DA BICICLETA 61

PARTE 2
O PRESIDENTE

CAPÍTULO 11
UM É POUCO, DOIS É POUCO, MUITOS É PERFEITO!........69

CAPÍTULO 12
A ESTRELA BRILHA!......................................75

CAPÍTULO 13
O SOL NUNCA SE PÕE....................................78

CAPÍTULO 14
A FACULDADE...85

CAPÍTULO 15
O COOPERATIVISMO.....................................91

CAPÍTULO 16
CONSCIENTIZAÇÃO AMBIENTAL E RECICLAGEM.........99

CAPÍTULO 17
É URGENTE REAPRENDER A VIVER: O CONSUMISMO.....113

CAPÍTULO 18
PNRS..120

CAPÍTULO 19
A PROFISSÃO DE CATADOR E A INCLUSÃO SOCIAL........131

CAPÍTULO 20
O QUE ACONTECEU.....................................138

CAPÍTULO 21
O QUE VAI ACONTECER.................................141

BREVE CURRÍCULO......................................145

AGRADECIMENTOS À REDE SUL.........................147

APRESENTAÇÃO DA REDE SUL...........................149

Parte 1

O CATADOR

Introdução

O TESOURO VELADO

"Queremos que você seja o nosso líder!"

Uma só voz em unissonância e unanimidade concordando em opiniões e sentimentos, harmonizando em união, ecoou na cooperativa na boca de dezenas de associados.

"Eu nunca imaginei que havia um líder dentro de mim, sempre trabalhei sozinho e de repente me vi com tantas vidas sob minha responsabilidade", lembra Carioca emocionado.

Só ele não enxergava esse líder. Aos outros era notório e manifesto. Tão indiscutível que não se levantou nenhuma voz ao contrário.

Todo ser humano tem recôndito dentro de si um tesouro: é sua aptidão, seu talento. Não é porque não se teve jamais a oportunidade ou a ocasião de colocar seu talento à prova que ele não existe.

Esse tesouro é tão bem escondido que, na maioria das vezes, nem mesmo nós temos consciência de sua existência ou magnitude. Ele se encontra no fundo da alma, do subconsciente, das entranhas, do coração.

É fato que todo mundo é bom em alguma coisa. Uns são bons para dançar, outros para fazer rir, uns para fazer contas, outros para sonhar, uns para organizar, outros para executar, para ensinar ou para pesquisar, ou estudar, ou cantar...

Acontece que alguns encontram o tesouro, outros não. Alguns encontram e não sabem ao certo o que fazer com ele. Alguns venturosos parecem nascer sabendo. Quem não o descobre se torna taciturno, desajustado ou agressivo.

Telininho, o Carioca, herdou do Sr. Telines o dom da eloquência. Como o pai, Telines Junior mostrou, ao longo de sua carreira, desembaraço e habilidade para falar em público. Muito comunicativo, de fala cativante e voz bem impostada, todos se encantam em uma palestra quando começa a falar.

Capítulo 1

O PAÍS DO CARIOCA

1964. O Brasil sofre um golpe militar em 31 de março e inicia-se um período de ditadura militar e civil, como classificam vários historiógrafos, mudando totalmente o rumo da história que até então se tinha como certo e agora se redesenhava.

Três anos antes, em 1961, Jânio da Silva Quadros alcança democraticamente a presidência do país a partir de eleições diretas, com o seu vice João Belchior Marques Goulart, o João Goulart, mais popularmente conhecido como Jango. No mesmo ano, Jânio Quadros renuncia ao cargo e Jango passa a ser o presidente.

Em um breve espaço de tempo, da renúncia em agosto de 1961 ao golpe de março de 1964, o Brasil viveu um período de turbulência e instabilidade política, passando por acordo, plebiscito, presidencialismo, parlamentarismo, três primeiros ministros, um vice-presidente aguardando fora do país o desfecho da crise, uma campanha de legalidade pela manutenção da ordem jurídica e da democracia com a posse do vice, carestia e desabastecimento.

Enceta-se assim a época da ditadura, que perdura até 1985, com a redemocratização.

Nesse cenário político no país e o mundo vivendo o auge da Guerra Fria, nasce em Nova Iguaçu, cidade da Baixada Fluminense, Telines Basílio do Nascimento Junior, o nosso Carioca.

Era 6 de dezembro de 1964. Dona Teresa dava à luz um menino, o seu terceiro e último, que recebia então o mesmo nome de seu pai, o Sr. Telines. Os irmãos Cleber e Clairton contavam com 14 e 11 anos quando o Telininho veio ao mundo.

Clairton, o Tito, lembra com clareza de dia seguinte o dia do nascimento do irmãozinho: "É um menino!", gritava a tia do outro lado do telefone.

Estavam na casa de outra tia, irmã do Sr. Telines, em Engenho de Dentro, na Rua Piraí.

Tito foi tomado por tal euforia que não se conteve. Apesar de nunca ter andado sozinho na rua, muito menos ter tomado condução sem a companhia de adultos, não deu tempo para sentir algum medo ou receio. Se pôs a correr até a estação, tomou o trem sozinho sem ninguém saber, desceu em Nova Iguaçu e pediu ajuda a um policial que o colocou numa viatura e o levou ao hospital. Ele queria ver a mãe e principalmente o bebê que acabara de nascer.

Quando voltou para casa, como já era esperado, lhe repreendeu o pai, mas ele não se importou com isso, porque o que ele havia vivido nunca esqueceria, principalmente do rostinho do irmão.

Da esquerda para a direita: Tito, Cleber e Carioca

Capítulo 2

AS TRÊS MÃES

TERESA

Não é todo mundo que tem três mães. Mais exatamente quase ninguém, ou melhor ainda, somente os afortunados!

"A única coisa que me lembro de minha mãe é uma cena de meu aniversário!" Carioca conta de lembrar-se sobre uma cadeira, apagando as velinhas, envolto pelos irmãos, o pai e "ela"; e a música de parabéns; e alguns convidados.

Existe uma fotografia que registrou esse momento. Ele não sabe ao certo que idade completava nesse dia. Assim como também não tem precisão até onde é lembrança ou até onde é uma inspiração em um retrato. Sua recordação mescla uma combinação um pouco distorcida, incógnita, esfumaçada. Faz esforço para se recordar mais, para tentar trazer à lucidez, à razão, algo mais límpido à sua mente, algo mais nítido, mais concreto, outro momento, outra abstração que seja, mas nada mais lhe vem à cabeça.

Ele era tão pequeno! Seria o aniversário de 2, 3, 4 anos? Tudo o que existe amalgamado na memória sobre Teresa é uma única cena amarelada pelo tempo, uma imagem embaçada de um aniversário da década de 60 no Distrito de Queimados, Nova Iguaçu, Rio de Janeiro. Pelo menos há uma cena!

"Aniversário é coisa triste", comenta Carioca. E diz não saber o porquê, mas nunca aniversários e comemorações lhe foram algo caro, que lhe trouxessem felicidade ou alegria, como é normal à maioria das pessoas.

Até mesmo no aniversário de 15 anos da cooperativa que hoje preside, o qual lhe foi um dia tão precioso, tão gratificante, tão significativo e realizador, ele teve essa sensação. Estava feliz por ele e pelos demais, pela vitória, pela conquista, mas ali dentro, bem no fundo, qualquer coisa, sem saber exatamente o quê, lhe desprazia o coração. Era a comemoração!

Talvez remeta a um retrato, uma memória, um momento, um dos mais marcantes de sua vida, aquele que gostaria que fosse eterno, mas com a consciência dessa limitação de estar condensado em somente um instante, isso lhe dói.

Teresa Monteiro do Nascimento (a mãe de número 1, como ele diz) adoeceu e foi internada no Hospital de Curicica em Jacarepaguá, um centro de referência para o tratamento da Tuberculose.

Naquele tempo, "doença do pulmão era doença sem cura", comenta Tito.

Na década de 1930, a enfermidade foi considerada "o inimigo número um da saúde nacional".

Nos anos 40 e 50, o governo federal lançou uma força-tarefa "em nível nacional" de combate ao "Grande Mal". Era a Campanha Nacional Contra a Tuberculose (CNCT).

A partir da criação do "Setor de Arquitetura do Serviço Nacional de Tuberculose", construiu-se por todo o país dispensários e sanatórios, um deles o de Curicica.

Essas edificações atendiam com o que de mais moderno havia. O objetivo era tratar dos pacientes, do seu bem-estar, bem como isolá-los evitando a propagação dos bacilos.

Os arquitetos tinham a preocupação com o arejamento, aproveitando-se a ventilação e insolação do local. Tudo era pensado: a vegetação nativa, a circulação do ar, o clima, a escolha de uma área em meio ao verde e às montanhas. Essas construções têm hoje uma importância como patrimônio arquitetônico do país, pois definem uma época histórica e marcam um tempo.

Curicica foi uma das primeiras obras do arquiteto Sérgio Bernardes, também dirigente do órgão do "Setor de Arquitetura" na época.

Havia um trabalho de conscientização da população em relação à doença e a distribuição dos "Selos Antituberculose".

Teresa ficou em Curicica por uns seis meses e depois foi transferida para um hospital em Paracambi no município da Baixada Fluminense, conforme lembrança de Tito, a última estação da linha férrea, onde permaneceu por mais algum tempo.

Na ocasião do internamento de Dona Teresa, Sr. Telines tinha duas ocupações, trabalhava de dia e à noite, viu-se desarvorado sem a presença e o precioso amparo de sua querida e dedicada companheira.

Como ela lhe fazia falta em todos os sentidos… No carinho, na companhia, no cuidado da casa, das crianças… O lar ficou sem rainha, o coração apesarado, a mente desassossegada.

Não tinha como trabalhar e cuidar dos garotos e mais do que nunca ele precisava trabalhar e trazer de comer aos pequenos, mais do que nunca ele necessitava ser forte. Outrora, em momentos mais difíceis, era com Teresa que ele contava para aliviar seu desconsolo. Agora não a tinha mais ao seu lado, ao contrário, era ela agora sua maior causa de inquietação.

Sr. Telines resolveu então mandar os meninos temporariamente para a casa de Tia Isaltina, irmã de dona Teresa, em Coelho da Rocha, Distrito de São João do Meriti, Rio de Janeiro. Tia Isaltina era casada com Tio Zico, irmão do Sr. Telines. Eles tinham seis filhos. Agora era ela, o marido e mais nove bocas a alimentar.

"A vida era muito fraca, era um sufoco danado, até fome passamos", relembra Tito. Ele comenta que lá na redondeza havia muitas crianças desnutridas, não tinha saneamento e a criançada brincava na água suja.

A diferença de idade provocava nele uma espécie de preocupação de pai sobre Telininho. Ele enxergava o irmãozinho como alguém frágil e indefeso, como de fato era. Sr. Telines e os irmãos tinham a preocupação de não faltar leite ao pequenino.

Os irmãos mais velhos iam até a prefeitura de Nova Iguaçu, onde trabalhava o pai, para buscar dinheiro com ele. Era bastante longe, uma distância bastante longa a percorrer a pé, mas não tinha outra maneira.

Telininho era muito pequeno e não se recorda de quase nada, mas se lembra que comia somente arroz com farinha. Na verdade Tia Isaltina era muito pobre, ela era costureira e o Tio Zico era motorista. Ela trabalhava o dia todo e por isso suas filhas mais velhas é que tomavam as rédeas da casa, cuidavam dos irmãos menores e agora também do Telininho.

Nessa ocasião Cleber e Tito pararam de estudar para ajudar nas despesas. Tito conseguiu um emprego em uma olaria. O trabalho não era nada fácil, tinha que entrar dentro do forno quente e ir no mato para buscar gravetos que carregava na cabeça para abastecer o forno.

O pai não queria isso para o filho. Um dia foi até a olaria e pediu ao patrão para despedi-lo.

Enquanto tudo isso acontecia, Teresa permanecia isolada do convívio de sua família no hospital e não mais voltou. Faleceu em poucos anos.

FILOMENA

Os três irmãos ficaram na casa dos tios por mais alguns anos. Quando Telininho tinha 7 anos de idade, Sr. Telines casou-se pela segunda vez, levando o menorzinho para morar com ele.

Dona Filomena Bosquetti do Nascimento (a mãe número 2) era a típica mãe descendente de italianos, muito carinhosa e rígida ao mesmo tempo. Ela não podia ter filhos e Telininho encaixou-se feito plug na tomada a tanta abundância de amor por parte dessa senhora.

Ele experimentava, assim, o amor de mãe. "Ela me dava muito carinho, muita educação e me amava muito", comenta o Carioca. "Ela em minha memória é que eu conheci por mãe".

Finalmente Telininho tinha de novo um lar com um papai e uma mamãe, pois, a primeira vez que foi vivida essa experiência, ele não tinha recordação. Foram anos fundamentais para a sua formação emocional.

Mas do que afeto e carinho, Dona Filomena lhe deu também seu nome. Em seu documento oficial, é o nome dela que consta como mãe.

A única coisa que impediu a perfeição nessa etapa da vida foi o afastamento do convívio diário com os irmãos, sentimento esse compartilhado pelos outros dois; viam-se raramente, mas continuavam unidos pelo amor.

Apesar de sentir saudades do irmão mais novo, Cleber considera esse período muito bom para Telininho, "ele era o único dos três que não se lembrava do carinho de mãe", comenta.

Ainda hoje por telefone, Carioca e os irmãos se tratam como "mano velho e mano novo".

Quando Telininho contava com a idade de 13 anos, Dona Filomena e Sr. Telines se separaram. Ela ainda participava da vida do filho quando ele dava umas escapadas da aula e ia para seu colo. Era ali que ele se sentia feliz! Chegou mesmo a ir morar com ela novamente.

MARIA LAURENTINA

Dona Maria Laurentina de Souza foi a terceira esposa do Sr. Telines. Novamente levou consigo Telininho para morar junto dele, assumindo assim ela o papel de mãe número 3.

Ela era uma mulher carinhosa que tinha duas filhas, as quais gostavam muito dele e o tratavam bem. Sr. Telines chamava a esposa carinhosamente de Gordinha, e Telininho também gostava de chamá-la assim, ou simplesmente e mais respeitosamente, de Dona Maria.

Com a chegada da adolescência, teve suas diferenças com Dona Maria e seu pai. Hoje reconhece, muito mais pela rebeldia típica da idade do que exatamente por problemas dentro de casa. "Estava desandado", admite. Aos 16 anos, as brigas eram mais constantes e acabou por sair de casa.

Cleber lembra que na adolescência Telininho era fujão, mas estudioso e terminou o segundo grau. "As atribulações da vida não deixaram ele continuar os estudos na época", analisa.

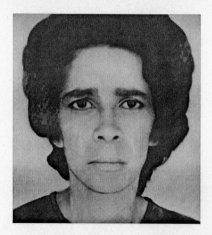

Teresa

Hospital de Curicica

Capítulo 3

A VIDA EM NOVA IGUAÇU

Tairetá hoje é Paracambi
E a vizinha Japeri
Um dia se chamou Belém (final do trem)
E Magé, com a serra lá em riba
Guia de Pacobaíba
Um dia já foi também (tempo do vintém)
Deodoro também já foi Sapopemba
Nova Iguaçu, Maxambomba
Vila Estrela hoje é Mauá (Piabetá)
Xerém, Imbariê
Mas quem diria
Que até Duque de Caxias
Foi Nossa Senhora do Pilar

(Trecho da música: – Sapopemba e Maxambomba de Nei Braz Lopes e Wilson Moreira Serra cantada por Zeca Pagodinho)

Maxambomba é o nome de um mecanismo de tração operado sobre trilhos, utilizado no Brasil Colonial para transporte de carga até a embarcação.

O nome Maxambomba é uma corruptela do termo em inglês "machine pump", bomba de máquina.

A estação de Maxambomba situava-se onde hoje em dia se encontra Nova Iguaçu. Ali existia o Engenho Maxambomba, cuja produção de cana-de-açúcar escoava para o rio por meio do trem.

"A vida em Queimados era boa", relembra com saudades Cleber, o irmão mais velho. Segundo ele, era um tempo muito bom. Um lugar pouco povoado, todos se conheciam. Era rural. Muito sossegado. Na época era um distrito de Nova Iguaçu e em 1990 emancipou-se a município.

Na casa em Queimados onde moravam, tinha uma família que os ajudava. A senhora lavava a roupa, seu esposo limpava a vala que tinha em frente à casa. Lá não tinha asfalto. A filha deles ajudava Dona Teresa a cuidar das crianças, na faxina, no dever de casa. Dona Teresa era uma mãe muito carinhosa e calma, tocava piano e órgão.

E tinha também o tio Onofre, irmão de Teresa que morava junto. Onofre era músico. Tocava violão, violão tenor e guitarra americana. Foi uma influência para Tito.

Onofre, certa feita, montou um "regional". Era o nome que se dava às bandas na época. A regional de Onofre tocava nos bailes do Esporte Clube Ponte Preta, uma agremiação de Queimados fundada em 1956, cujo presidente na época era Sr. Telines. Com o dinheiro dos bailes, fazia-se benfeitorias no próprio clube. E assim corriam-se os dias no pequeno Queimados…

Lá em Nova Iguaçu, Telininho era a alegria da casa por ser o pequenino. Chamavam-no assim por ter o mesmo nome do pai. Porém ele tinha também um outro apelido familiar.

Uma vez, quando ainda não sabia falar corretamente, um amigo dos irmãos mais velhos veio até a casa. O amigo, ao ver a criancinha menor, perguntou-lhe carinhosamente o seu nome. Telininho respondeu: "Timbuca!". Nascia aí um novo apelido! Os irmãos brincam que ele mesmo se deu o apelido.

Timbuca recorda com saudades os tempos em Queimados. Ele ia à escola pela manhã e à tarde brincava de pique, queimada, futebol, pipa, bola de gude. Tudo o que uma criança feliz fazia naqueles tempos! Tinha ali uma família com várias crianças com quem ele brincava. Tinha Geraldo, tinha Vagner e também Daniel. Faziam a lição de casa juntos e iam para o campinho de futebol. Não faltava nada!

Um dia que o marcou bastante foi quando, aos 11 anos, Cléber o levou num Fla x Flu. Telininho torcia para o América, seguindo o seu pai. Várias crianças dessa geração eram americanas por causa do pai e mudaram para flamenguistas por causa do Zico. Era o ano de 1975. Rivelino estreava no Fluminense. Zico já era o craque do Flamengo. Guerra de titãs no Maracanã. O jogo terminou 4 x 1, com quatro gols de Zico. Não teve jeito, virou flamenguista naquela tarde...

Timbuca sempre estudou em escola particular. Estudou da primeira à oitava série no Centro Educacional Betel. Na adolescência, já com dona Laurentina, morou em Austin, bairro de Nova Iguaçu, mas permanecia estudando na mesma escola. Praticamente abandonou a escola, numa fase de rebeldia, e fugia para a casa de dona Filomena.

Ficou assim para lá e para cá, até que tomou a decisão de morar sozinho. Aos 16 anos, trabalhava no supermercado Freeway, na Barra da Tijuca, na Avenida das Américas. Pediu ao pai a cama na qual dormia e ganhou de um amigo um guarda-roupa.

Ali bem próximo de onde passa o trem, arrumou um quartinho para viver. Não era grande nem de luxo e cabia no tamanho do passo que acabara de dar: ele agora começava a se guiar sozinho, a ser responsável por si mesmo, a ser adulto...

A proximidade da linha férrea veio bem a calhar, já que, na falta de um despertador, acordava religiosamente com o barulho do apito do primeiro trem da manhã. Bem providencial, pois naquele tempo, no quesito pontualidade, nada mais acurado que o serviço ferroviário. Acertava-se o relógio com a chegada dos trens, costumava-se dizer. Sendo assim, o rapazinho nunca perdeu um dia sequer o horário do serviço!

Permaneceu ali por uns anos até a sua segunda resolução de adulto. Telines, o filho, resolve então se casar aos 20 anos com

Dona Ivone e mudaram-se para a Vila Valqueire. Logo em seguida, tiveram seu primeiro filho, o Clayton.

O casamento durou pouco. "Eu era muito estúpido, ruim de conviver", admite Telines filho.

Aos 22 anos, ele faz novamente uma escolha importante. Dessa vez para realizar um sonho; ele resolveu que iria a São Paulo... Assim o fez... E nunca seria mais o mesmo... Telines agora seria o Carioca...

Nova Iguaçu na década de 1960

Capítulo 4

O QUE A POLÍCIA FAZ AQUI?

O Sr. Telines pai era funcionário da prefeitura de Nova Iguaçu. Era um senhor muito bem apessoado, falava muito bem em público. Não teve a oportunidade de sentar-se nos bancos de uma escola, mas era um autodidata. Era muito inteligente e envolvido com a política.

Esquerdista ferrenho, ideologista e filiado ao PTB. Era um homem de convicções e princípios. Aquele era um tempo no qual era possível alguém de bom coração ter seus sonhos e ideais. Sr. Telines ansiava por um Brasil diferente para seus filhos e para a nova geração que ali surgia.

Acreditava que muito se podia fazer e muita coisa podia ser mudada. Ideava claramente um futuro melhor através de seus valores e confiava plenamente no exequível. Era a essas concepções que ele se apegava. Era por essas perspectivas que ele lutava. E lutava... como lutava...

Candidatou-se duas vezes a vereador. Na segunda vez, conseguiu eleger-se como suplente. Era também presidente do Clube Esportivo do distrito.

Como homem idealista que era, arrumou um jeito de ajudar a coletividade de Queimados. Fundou assim o Colégio Machado de Assis, uma escola particular de cunho assistencial.

Pagava quem podia, quem não podia não precisava pagar. Dona Teresa não era professora, mas se voluntariou para ajudar. A professora Romilda, muito dedicada, passou a dirigir o projeto.

Acolheu Teresa como professora e a apoiou na alfabetização de crianças.

Havia lá por volta de 150 alunos, incluindo entre eles Cleber e Tito. Após alguns anos, Teresa e Romilda faleceram em datas próximas.

Em um dia triste, daqueles que se tem a impressão de que está chuvoso e cinzento. Sr. Telines voltava para casa do trabalho pela tarde e a família toda se encontrava em casa. De repente, aparece no portão um sem-fim de viaturas, muitas, inúmeras, incontáveis. Telininho tinha um aninho e meio e não pode recordar-se desse dia fatídico. "Só sei de ouvir contarem", comenta. E assim mesmo tem sempre a sensação de terem filtrado bastante para poupá-lo. Porém Cleber, na época com 16 anos, lembra tudo com detalhes. Não há como esquecer. Foi, infelizmente, marcante demais...

Entraram. Vasculharam e reviraram tudo. Não permaneceu nada em seu lugar. Queriam documentos do partido, livros que falassem de comunismo; papéis, quaisquer que fossem suspeitos, quaisquer... Entraram também no clube.

Cleber recorda Dona Teresa escondendo uma garrucha dentro de uma panela grande. Demorava a entender o que se passava. Tudo parecia desconexo e difícil de acreditar que realmente estava acontecendo.

Nesse atentado, o exército levou Sr. Telines preso. Em questão de minutos e sem nenhuma explicação, sem tempo de se trocar ou pegar algo de que pudesse necessitar, simplesmente foi colocado dentro do carro. Ele pediu que o deixassem despedir-se da esposa e dos filhos. Não deixaram.

Uma imagem que ficou fincada na mente de Cleber para sempre: seu pai de dentro do carro olhando para trás, acenando para a família estarrecida, diante daquela cena inimaginável, quase surreal. Aquele aceno foi tudo o que lhe foi permitido, tudo o que foi possível. Dona Teresa estática, imobilizada pelo choque e os meninos confusos, tentando entender...

Passava-se nesses tempos a pior fase da ditadura. Sr. Telines foi levado para a polícia do exército da Vila Militar, em frente ao Hospital Geral, onde permaneceu por vinte e poucos dias.

A família não tinha acesso nem muita informação do que se passava com ele. A preocupação de Dona Teresa e a tristeza dos meninos tomaram conta desses dias nebulosos. O que se passaria? O que aconteceria com ele? Ele voltaria? Como ele estava agora e passando por qual situação? Essas perguntas angustiantes e sem respostas era o que povoava sua mente...

Finalmente, quase um mês depois do dia em que levaram o pai, um carro do exército parou diante da casa avisando que ele tinha sido transferido para a Fortaleza de Santa Cruz da Barra, em Niterói.

Um misto de alegria e aflição se assomou. Alegria por saber que ele estava vivo, ou pelo menos querer acreditar que o que disseram era verdade, aflição por ele não ter voltado, medo pelo incerto do que vem depois...

Todo santo dia a família ia tentar vê-lo, porém não permitiam. Por praticamente um mês iam lá, mas não os deixavam entrar. Essa atitude por parte do exército às vezes os levava a pensar que ele poderia estar morto. As pessoas diziam que preso político em Santa Cruz era preso morto. "Ali os presos são jogados no mar", rumorejava-se. Porém não perdiam a esperança...

Após dois meses, por fim, liberaram a visita.

Sr. Telines sempre foi um homem muito alinhado, sempre elegante e impecável. Usava terno bem cortado e a barba permanentemente feita. Dona Teresa não gostou do que viu. Apareceu com uma roupa azul, toda larga, muito magro, cabelo e barba crescidos. Nem parecia o seu marido, porém o importante é que estava ali, de pé... e vivo!

Logo após foi liberado. Foram buscá-lo.

A mãe a essa altura já estava doentinha e debilitou-se bastante com todo o calvário que passou nesses intermináveis dias. Mostrava-se desanimada e enfraquecida.

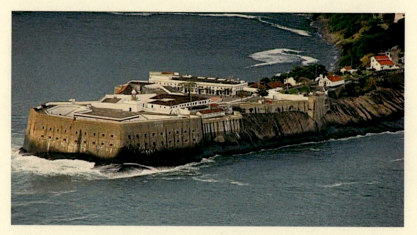

Fortaleza de Santa Cruz da Barra, Niterói

O sr. Telines

Capítulo 5

QUEM VAI A SP NUNCA VOLTA O MESMO

São Paulo! comoção de minha vida...

Perfumes de Paris... Ary!

Bofetadas líricas no Trianon...

(Mário de Andrade)

A Pauliceia Desvairada mudou tanto desde Mário e continua tão a mesma... a tal ponto e tanto que os versos do poeta parecem ter sido escritos ontem.

Às vezes um sonho de lugar remete a uma praia paradisíaca, às vezes ao campo, ao mato, ao bucólico. São Paulo cheira a grana, aquela que ergue e destrói do poeta.

Grana, bufona, bago, conto, tostões, barões, níquel, dindinha, vintém, algum, gaita, haveres, tutu, cobre, capital, fundos, agarote, trocado, verba, soma, montante, pecúnia, quantia, importância, troco... O dinheiro tem uma abundante gama de "apelidos". Gírias que surgem e desaparecem através do tempo e dos lugares. Designações diversas, mas ele continua sendo o mesmo, tendo o mesmo significado. Aquele de que todos correm atrás... desde os mais remotos tempos...

Seja lá como for chamado, ninguém vive sem o vil metal.

Vil é ruim? Metal é bom? São Paulo é o vil metal? O vil metal é São Paulo? São Paulo é bom? São Paulo é ruim? SP é sonho? SP é real? SP é ilusão? SP é desilusão?

São Paulo é tudo isso e mais um pouco... ou mais um muito... Tudo é superlativo nessa terra. É sonho e é realidade; é ilusão e é concreto. É o que se quiser...

É onde as coisas dão certo. É a cidade que nunca se engana, e se não der certo, quem se enganou foi você!

Carioca atenta para uma máxima que é geral a todo o Brasil. Diz ele: "Desde muito cedo, a visão que se tem de São Paulo é que é a cidade das oportunidades!".

Desde pequeno se escuta que você indo a São Paulo, você vai mudar a sua vida e de sua família. Você pode estar no Rio de Janeiro, em Manaus, em Porto Alegre ou qualquer outro lugar do país. Até hoje é assim. Ele conta que amigos com os quais voltou a ter contato via redes sociais sempre dizem: "Eu ainda vou para aí!".

O genro de Carioca, o Thiago, e o primo Paulo Cesar têm a mesma idade. Os dois fizeram 18 anos e não esperaram nem uma semana. Vieram para São Paulo. "São Paulo era o meu sonho!", costuma dizer Thiago. E isso reflete a realidade de muitos....

Não é por acaso que alguém que era invisível aos olhos da sociedade e hoje é um dos nomes mais importantes na reciclagem de São Paulo e do Brasil não é um paulistano, paulista nem são--paulino. Ele é carioca, flamenguista e nascido em Nova Iguaçu. Ele é Carioca!

Como tantos outros, mineiros e baianos, paraenses e paranaenses, rio-grandenses do norte e do sul, gente do leste e gente do oeste, o Carioca é uma das tantas pessoas que vieram para contribuir e agigantar essa querida cidade e torná-la o que é hoje: esse caldeamento magnífico e multicolor, essa hibridação cultural, essa barafunda assombrosa que a todos espanta e fascina! Essa mãe feliz que a todos abraça de peito aberto, esse mistifório que tudo aceita e nada rejeita e que só faz crescer, a ela e a todos. Essa é a terra onde tudo e todos são bem-vindos.

Aos 22 anos, Telines estava no Rio de Janeiro, desempregado. Vendeu um aparelho de som, uma televisão e um freezer juntando com isso algum dinheiro e foi quando finalmente resolveu realizar seu sonho de vir a São Paulo e tentar encontrar trabalho. Seu irmão mais velho já vivia em São Paulo com a esposa e filhos e o acolheram em sua casa.

Em seis meses, só encontrou subempregos. Era muito bem tratado por Cleber e dona Maria José, mas não queria incomodar. É assim que nos sentimos quando não estamos no nosso cantinho. Voltou então para o Rio.

Mal chegou e só pensava em uma coisa: "Eu vou voltar para São Paulo!", "Eu vou voltar para São Paulo!", "Eu vou voltar para São Paulo!". Mais que um pensamento, uma força superior, um aviso, um conselho, aquilo mais lhe parecia uma voz sussurrando ao ouvido: "Volta, é chegada a hora!".

O Rio de Janeiro não era mais para ele. Estava em um momento muito forte com o uso de drogas. Tinha dívidas e inimizades.

Carioca reavalia: "No começo se consegue esconder o uso, mas depois de um tempo não há como disfarçar. Aumenta o grau de dependência, a "coisa" se torna pública, os pais, os irmãos, todos percebem e descobrem. O círculo de amizades muda. Você se afasta porque os "caretas" passam a não ter muito mais lugar no seu mundo. Teme-se o julgamento, a repressão, a repreensão. O seu universo é outro, diferente dos demais...

Após uma forte discussão com Sr. Telines e Dona Laurentina, Telininho se dispôs a ouvir a sua voz interior. Os dois irmãos agora estavam morando em São Paulo. Tito também tinha se mudado. Só que dessa vez ele não avisou a ninguém. Nem a família nem amigos tinham alguma ideia de seu paradeiro, de para onde tinha ido.

Num sábado de manhã, chegou na Rodoviária Tietê (o portal encantado que após transposto leva ao tão sonhado Eldorado!). É por aqui que chega a maioria das pessoas que um dia, como Telines, como Thiago, sonharam com a vida na capital paulista.

A primeira coisa que fez foi comprar um jornal para encontrar um lugar onde ficar. O que mais lhe pareceu aconchegante foi uma pensão no Cambuci, na Avenida Lins de Vasconcelos, que ficava em frente ao Hospital Cruz Azul, e para lá foi.

Pagou o mês adiantado e ali se instalou. No domingo, comprou novamente o jornal, dessa vez para procurar emprego. Na segunda-feira dirigiu-se ao Grupo Palheta, uma empresa que atua no segmento da alimentação e já foi contratado. Na quarta-feira estava trabalhando.

Parecia que dessa vez a sorte resolvera lhe sorrir. Conseguiu o posto de estoquista, começando na Usina Piratininga e depois se transferindo para o Hospital de Clínicas, locais esses onde o grupo fornecia alimentação.

A vida decidiu dar-lhe uma trégua e tudo transcorria bem, porém só por alguns meses. Carioca se viu novamente desempregado. Fundo de garantia, seguro-desemprego. Com o uso de drogas, o dinheiro acaba rápido.

Passou um tempo num quarto em Piraporinha, bairro da zona sul, situado a 17 km do marco zero da cidade. Quando o dinheiro acabou, foi expulso do lugar.

As poucas coisas que tinha cabiam em sua mochila e foi para a rua. Como não tinha dinheiro para a droga, bebia cachaça. Morou na rua por quatro ou cinco meses. Sempre extrovertido, nunca teve dificuldade em fazer amigos. Ali na praça, fez várias amizades, entre elas, o catador José.

Por incrível que pareça, foi aí que tudo começou! Quem não tem nada, não tem nada a perder! Sem que ele imaginasse, aqui começava o embrião de sua nova vida! E faltava muito pouco para ele ser apresentado àquilo que ia mudar de vez o seu destino: a reciclagem!

A carroça não era de José, e sim de um senhor que tinha um ferro-velho. O sistema era simples: logo cedo José deixava a carteira de identidade no ferro-velho e pegava a carroça. Passava o dia pegando o lixo que a cidade jogava pela rua. No final do dia, trocava com o patrão a sucata que recolhera por uns trocos e seu registro-geral de volta. E assim se passavam os dias para José, sob o sol ou sob a chuva, porque a fome não espera bom tempo para aparecer.

José vendo a situação do amigo lhe indicou: "Lá no ferro-velho, tem carroças vacantes. Se quiser pode fazer o mesmo que eu". E completou: "Só não sei se você vai aguentar". Aguentou... e por 12 anos...

Passado pouco tempo, ele conheceu Dona Tiana e seu marido, donos de um outro ferro-velho que funcionava no mesmo sistema. Eles logo simpatizaram com o rapaz e lhe propuseram de arrumar umas madeiras e uma lona e fazer um lugarzinho para ele ali no ferro-velho, para ele ter onde morar. Ele mais que prontamente ajeitou seu cantinho e lá permaneceu por toda a vida de catador. "Eu, o papelão, as galinhas e os ratos", comenta bem-humorado.

Às vezes ele era pago, às vezes só recebia almoço e jantar; isso dependia muito do humor de Dona Tiana, afinal, dizia ela, ele já tinha a moradia.

E assim se passaram os anos...

Capítulo 6

NADA É POR ACASO:
O CATADOR

— Ô seu burro sem rabo!

Não uma, não duas, não três, não quatro, mas muitas vezes, ao se carregar a carroça se escuta:

— Burro sem rabo!

Não uma, não duas, não três, não quatro, várias ofensas e brincadeiras de mau gosto.

Como transformar em vigor essa raiva que brota de dentro? Como tirar algo de bom dessa humilhação, dessa mágoa?

É um descontentamento que descontenta, um ressentimento que se sente e ressente. Um luto, uma pena, um pesar, uma desconsolação que arde no peito, até difícil de explicar...

O preconceito não se limita às ruas. Até em alguns dicionários, no sentido figurado, carroceiro significa pejorativamente malcriado, pessoa grosseira, rude. Em tempos de politicamente correto, isso bem poderia ser alterado.

O carroceiro é praticamente invisível aos olhos da sociedade. Está ali, mas ninguém vê ou, se vê, geralmente é com aversão ou zombaria. Não se dá a ele o devido valor e respeito. Carroceiro, lixeiro, sempre foram palavras sinônimos de referência de descaso. Imaginem a cidade sem ninguém limpar... ninguém pensa nisso...

"A vida de carroceiro nunca foi fácil, no começo se sente vergonha", explica Carioca. É uma profissão de bastante importância para a cidade e para a sociedade. Aquilo que deveria ser motivo de orgulho gera vergonha.

É óbvio que deveria ser dada a devida dignidade ao trabalho. Mantê-los com outro sistema. A tração para humanos ou para animais é inaceitável, é cruel.

E ele continua: "A humilhação é tanta que dá até vontade de rir de si mesmo, parece que aquilo não está acontecendo. Depois vai se acostumando com as pessoas te olhando, te desprezando. Dizendo coisas...".

E a crueza indigesta da realidade faz as coisas parecerem normais.

A recorrência do disparate o trivializa e passa a ser natural. A paisagem mais absurda se repetida inúmeras vezes se banaliza e se torna despercebida. Somos mais fortes do que acreditamos e somos capazes de suportar muito mais do que nossa imaginação concerne. Isso, aliado à necessidade, às vezes nos faz aguentar mais do que deveríamos, mas não sem deixar marcas...

Uma passagem que marcou muito Carioca foi um incidente ocorrido quando ele e outro companheiro de trabalho foram a um condomínio com suas carroças fazer uma coleta. Foram autorizados a entrar e recolher o material a ser descartado.

Ao encontrar uma senhora na porta do elevador, ela começou a gritar achando que eram bandidos. Os gritos atraíram zelador, porteiros, funcionários, moradores e até o síndico. "Foi muito constrangedor, um momento muito triste, vi o preconceito estampado no rosto, nunca mais esqueci", relembra aborrecido.

A energia da revolta a princípio pode vir na forma errada, dar vontade de desistir de tudo... e a gente só não desiste quando olha na cara do filho, quando a barriga ronca, quando a lágrima escorre sozinha no rosto mesmo sem você chorar, te avisando e te acordando de novo para o real. A força da raiva tem que ser produtiva, útil, motriz, para levar adiante...

Geralmente, das espetadas da vida, da ingratidão, do desrespeito, do menosprezo, daquilo que nos dói e que parece que vai puxar para baixo, é de onde encontramos força através da reação a tudo isso.

Diz o ditado popular que até um chute no traseiro faz pular para cima. É difícil ter a clareza de erguer do tombo, tirar lição e tentar ver a vida de cima da montanha depois de puxado o tapete. É difícil agradecer as vicissitudes e embaraços e deles tirar proveito.

Após uma "batalha" em nossa vida, saímos fortalecidos sem perceber. Se a adversidade acontece de novo, aquilo que parecia demais penoso, se tira de letra.

Se passei por essa, passo por muitas outras.

Dos infortúnios surgem as oportunidades...

Comunidade Vila da Paz

Capítulo 7

NEM TODO ANJO VEM DO CÉU!

Ainda nos tempos do ferro-velho, Carioca conheceu Joselma. Jô, como era chamada, todos os dias, na época com seus 12 anos, levava a comida para o "Tio Zé", o José, companheiro de trabalho de Carioca.

Tio Zé dizia à menina que Carioca era estudado, tinha a letra bonita e que, se ela tivesse alguma dúvida nos estudos, era para ele que ela poderia pedir ajuda. A garota estava na sexta série e realmente não tinha muito quem lhe socorresse nas lições, pois a mãe trabalhava o dia todo. Resolveu, assim, pedir-lhe apoio em matemática e na língua portuguesa, matérias em que sentia mais dificuldade. Carioca prontamente passou a auxiliá-la.

"Ele ensina com muito gosto e muito carinho", ela diz. "E a letra era mesmo tão linda que eu costumava às vezes dizer que era minha", ela brinca.

Os dois, a partir de então, travaram uma sólida e forte amizade. "É um amor de alma, afinidade, coisa de vidas passadas", quer crer Jô. "Senão não tem como explicar!", completa.

Jô ia para casa e contava à mãe, sobre o amigo do Tio Zé. De como era inteligente, atencioso e sabia ensinar. Tanta proximidade e admiração causou estranheza à mãe zelosa. Ficou receosa dessa amizade incomum e pensou que deveria ver essa história mais de perto.

Jô mal conheceu seu "pai de sangue". Ela tinha 5 anos quando ele faleceu em uma viagem a Pernambuco. A menina lamentava muito não ter um pai. "Sentia muita falta de um", avalia. Carioca assemelha-se muito a ele; fisicamente, no jeito de falar, comunicativo, extrovertido.

Todos esses fatores, a carência de ter perdido o pai tão prematuramente e de maneira tão repentina, essa atenção e carinho de sobra por parte de Carioca, essa amizade inusitada surgida de forma tão singular e espontânea, tudo isso fez a menina se afeiçoar a ele com amor de filha. E, reciprocamente, o afeto que sentia em seu coração era amor de pai.

Todos os dias, quando Jô voltava da escola, lá estava ele no portão do ferro-velho esperando ela passar. Queria olhar seu caderno e orientá-la no que necessitasse nos deveres de casa. Tem um dia que foi muito marcante para ambos, do qual se lembram vivamente com riqueza de detalhes. O dia em que criaram um elo eterno.

Chovia muito e Carioca a esperava no portão como de rotina. "Segurava um guarda-chuva minúsculo que não lhe cobria por inteiro. Estava se molhando como se não tivesse a sombrinha", ela conta se divertindo.

Ali naquela tarde chuvosa, foi o momento que ela escolheu para lhe revelar seu segredo e não iria adiar seus planos por conta do mau tempo. Ela disse que precisava lhe falar e ele se propôs a escutar com atenção:

"Se eu tivesse um pai", disse ela, "gostaria que fosse o senhor. E queria lhe pedir permissão para chamá-lo de pai".

Ele se emocionou tanto que caiu no choro e não conseguia responder. "As lágrimas se misturavam às gotas de chuva!", recorda Jô aos risos. A amiga de escola que acompanhava Jô e presenciava a cena olhava sem entender. "Aquilo era só entre nós", comenta.

As palavras de Jô tocaram demais o seu coração. Ele ficou muito feliz também quando ela lhe pediu para ir à reunião de pais da escola.

Deus lhe deu a oportunidade de reprisar o mesmo amor que lhe deu Dona Filomena. A história se repete...

Jô fala do pai com muito carinho. "Ele é pai, é confidente, não gosto de chamá-lo de padrasto. É pai e pronto!" Ela conta que ele repreendia quando necessário e protegia quando era o caso, como todo pai responsável e cauteloso. Ela nunca lhe retrucava, era um tratamento de respeito mútuo. Sempre tratou a ela e ao irmãozinho menor com muito cuidado e atenção. Não só com eles, ele é atencioso com todos.

"Não tem como falar dele e não me emocionar!", conclui Joselma.

Mais tarde, Carioca conheceu a mãe de Jô, a relação de amizade solidificou-se até se apaixonarem. Hoje já são casados há 20 anos.

Jô recorda bons e maus momentos da vida em família e descreve com detalhes.

Já passaram fome juntos. Lembra do pai acordando às 3 e meia da manhã e indo ao "hortifrúti" pegar cestos de alimentos. Era o que comiam. Ele distribuía também a outras pessoas. É carinhoso, solidário e cuidadoso com todos. Muitas vezes sua marmita voltava cheia quando regressava do trabalho, pois tinha receio de faltar aos filhos.

Passaram alegrias e dificuldades juntos. No começo da cooperativa, a vida era dura. Carioca trabalhava à noite e Jô chegou a ver o pai chorando com medo de faltarem coisas à família.

Ela lembra também quando ela entrou na fase de namorar. Ela voltava de noite da escola e a qualquer atraso ele caminhava para encontrá-la, sempre vigilante e zeloso.

Em 2004, a família foi passar o final de ano em Pernambuco, terra natal da mãe. Foram pai, mãe, Jô e o caçula Marcos. Ficaram lá por 15 dias. Fazia 20 anos que a mãe não passava as festas com a família.

Tempos depois, Jô acabou se casando com um primo de primeiro grau de lá de Pernambuco, o Thiago. Em 2010, Jô e Thiago resolveram se mudar para Pernambuco, levando o pequeno Junior.

Carioca se entristeceu com a ideia e não teve coragem de se despedir da filha. Depois de dois anos, o casal decidiu voltar a São Paulo. Carioca brinca que ela não se acostumou longe de seu colo. Hoje o casal tem mais um filho: Matheus.

Carioca como avô não poderia ser diferente: muito carinhoso e paciente.

Atualmente ela trabalha na cooperativa com o pai.

Outra recordação que ela guarda com muito carinho em sua memória foi um dia muito especial. Ela comenta: "Uma lembrança muito gostosa!". Um encontro de casais de que os pais participaram em 2008. Houve uma surpresa no meio do evento com a participação dos filhos. Jô havia escrito uma carta-homenagem ao pai e ao lerem ele percebeu que era para ele e emotivo não conteve as lágrimas. "Foi um momento muito emocionante", ela diz. E, assim como essa, Jô escreveu várias cartinhas onde ela demonstra seu amor ao pai, e ele as guarda com ternura.

Teve também uma viagem que fizeram ao Rio de Janeiro para conhecer a família lá. Assim como a mãe, ela tinha esse sonho de conhecê-los. Infelizmente não chegou a visitar o avô, o qual só viu em fotografias.

"Esse anjo entrou na minha vida e mudou-a para sempre", comenta Carioca. Ele sempre se refere à filha como "seu anjo". "Ela que me adotou e não eu a ela." Ele brinca que conheceu antes a filha que a mãe e fala sério quando diz que foi por meio desse anjo que conheceu a mulher de sua vida.

Ao entrar para a família, ele encontrou novamente uma razão para viver. Transformou-se. Passou a ter vaidade, se cuidar, se lavar, fazer a barba, cortar o cabelo, se perfumar. Foi trabalhar numa empresa. Era outro. Tudo para agradar sua amada e cuidar de seus filhos queridos. Largou a droga, o álcool.

Parece milagre! Milagre de anjo!

Capítulo 8

APARECEU A MARGARIDA...

Margarida acordava todos os dias às 5 horas da manhã e ia ao trabalho. Era viúva e tinha que ganhar o pão de cada dia para alimentar o filho pequeno, a filha e a sogra, mãe de seu falecido marido. Ela era mãe e pai ao mesmo tempo.

Vivia pelos filhos, como até hoje, embora não tivesse tempo para estar com eles, pois voltava às 10 horas da noite. Era uma vida triste e desorganizada. Apesar de tanta correria e falta de tempo, importava-se muito com o bem-estar de seus pequenos e eles estavam o dia todo em seu pensamento.

No ano de 2002, surgiu-lhe um novo motivo para inquietação: Joselma conheceu uma pessoa à qual ela se afeiçoava a cada dia mais e mais. Ela todos os dias falava do tal Carioca que trabalhava com seu tio. Sabia de toda sua vida, que já tinha sido casado, que tinha um filho e o tempo todo era só elogios para o tal Carioca. Aquilo estava importunando Margarida, até o dia em que Joselma lhe perguntou se poderia chamar Carioca de pai.

Essa foi a gota d'água para Margarida realmente perceber que precisava ver esse assunto mais de perto.

Margarida foi logo se perguntando: "Como alguém encontra uma pessoa na rua e vai logo chamando de pai?", "Quem é essa pessoa que exerce essa admiração em sua filha a ponto de querer que seja seu pai?".

Ela tinha 13 anos e a mãe trabalhava o dia todo. Não tinha como cuidar dela. A avó que se encarregava das crianças.

Margarida alertou a avó: "Esse homem é carioca, veio lá do Rio. É um homem mais velho e não o conhecemos. Não gosto dessa aproximação dele com a menina. Não deixe que eles conversem". Foi quando ouviu também da avó: "Ele é um homem bom, fique tranquila".

Foi então que se deu conta de que teria ela mesma que tomar providências. Mas como iria encontrá-lo? Não teria tempo para procurá-lo, mas iria arrumar. Porém nem precisou, pois ele mesmo veio em sua busca. Queria conhecer a mãe de Joselma!

Olhando para trás, Margarida se diverte ao lembrar desse primeiro contato. Era uma noite estrelada e no caminho de volta do trabalho surge um senhor e lhe diz: "Boa noite!".

Se apresentou e disse que queria conversar com ela. Ela não se mostrou muito simpática, apesar de também estar precisando falar com ele, mas talvez tivesse que organizar suas ideias antes. Desculpou-se e disse que no momento não poderia, que era muito tarde e que acordava cedo.

No dia seguinte, lá estava ele de novo esperando na esquina e já foi mais direto: "Gostaria de marcar um encontro com você". Ela não esperava o convite e respondeu: "Não tenho tempo de conversar com o senhor", mas aí refletindo um pouco mais pensou que também precisava falar com ele e, além do mais, essa pessoa insistia muito e deveria ouvir o que ele tinha a dizer sobre sua filha. E completou: "Amanhã, sexta-feira, chego mais cedo. Me aguarde no ponto de ônibus e poderemos falar".

Chovia fortemente na sexta-feira à noite. Quando ela desceu do ônibus, ele estava ali. Ela pensou em deixá-lo lá e ir embora, porque chovia muito, mas ele foi mais rápido e logo iniciou conversa. Foram caminhando e ele comentou que suas histórias eram parecidas, igualmente sofridas.

Na primeira oportunidade, Margarida foi direta. Já citou a filha e demonstrou o quanto a amizade entre os dois a inquietava. E ela se abriu: "Quer que o senhor seja o pai dela, como pode isso?".

Ele a acalmou, falou para que não ficasse aflita, que ele gostava da menina, que ela era muito educada, que ela não tivesse medo.

O tempo foi passando e os dois foram se vendo mais vezes e ela foi cada vez mais adquirindo confiança nele. Foi percebendo seu caráter, conhecendo seu passado, vendo a pessoa que ele é. Passou a compreender por que ele havia cativado a garota e também a avó. Viu sua boa intenção e também começou a estimá-lo. Ele aos poucos veio a ter mais contato com a família, participar da vida deles. Marquinhos era um bebê e Carioca se afeiçoou também a ele.

Um bom tempo depois, começaram a namorar. Margarida tinha receio no começo, por vários motivos. Seu coração já estava endurecido por dois casamentos anteriores muito tristes, muito sofridos. Já havia perdido há muito tempo a esperança de encontrar alguém. Não conseguia, também, assumir o namoro com ele para a família, porque as pessoas tinham preconceito por alguém que é ali do ferro-velho, onde gira muita droga, todo mundo rejeitava.

A avó, que morou com Margarida até falecer, dizia: "Esse homem é bom e só vou morrer feliz se ver vocês dois juntos. Preste atenção e escute o que eu falo, vocês serão muito felizes!". Como será que podemos chamar a sabedoria ou o sexto sentido daqueles que já viveram o bastante para ter certeza do que dizem? Ela incentivou e deu muita força para ficarem juntos.

Margarida relembra que o começo da vida a dois foi difícil. Tiveram muita perseverança. Ela considera que suas duas vidas estavam "apagadas" e acredita que, quando Deus põe as pessoas na vida da gente, ele já tem um propósito. É como se Ele tivesse dado uma estrela para cada um e isso trouxesse luz a ambos. Essa é a forma delicada e natural que Margarida encontrou para definir o que por aí chamam de "amor".

Apareceu a Margarida em sua vida e ele chegou com seu carisma, a cara, a coragem e a vontade de vencer. Ela brinca: "Ou melhor, ele tinha também uma camisa listrada!".

Ela lhe pediu para trazer a tal camisa suja para lavar. E ele riu: "Se eu tirar, fico sem roupa, pois só tenho essa!".

As roupas que ele achava no lixo e serviam eram suas roupas novas.

Ultimamente não tinha achado nada que lhe servisse, pois ele é grande e não é tudo que lhe cabe. Era a camisa listrada mesmo sua peça única.

Margarida trabalhava em uma casa de família e a patroa lhe dera uma camisa e uma calça do patrão, que, por sorte de Carioca, vestia o seu número. Agora ele tinha duas trocas de roupa! Uma no corpo e uma no varal.

Dona Margarida lembra se divertindo: lá no ferro-velho, havia um Opala cor de vinho abandonado, que, logo que chegou, serviu de moradia a Carioca até construir seu barraco. Ele deitava no banco traseiro, mas como não cabia deixava a porta aberta e os pés ficavam fora. Quando conheceu Margarida, ele morava no barraco onde tinha uma geladeira que agora, com outra roupa, servia de secadora. Ele lavava e pendurava atrás da geladeira para secar.

Ela lhe deu incentivo para sair dali e arrumar lugar melhor. Foi trabalhar com seu Abílio, tinha um salário e alugou um quartinho na Vila São José. Sua vida melhorou. Agora tinha a geladeira/secadora, uma cama de solteiro, um colchão e um som.

Com o tempo, Carioca foi morar com a família de Margarida. A avó faleceu e a favela onde viviam foi desativada. Foram para um alojamento. Era um conjugado de 6 metros quadrados, de cozinha, quarto e banheiro.

A essa altura, Marcos estava com 6 anos e o menino começou a questionar por que seu sobrenome não era igual ao de Carioca. A mãe lhe explicava que seu pai era outro, que já havia falecido, mas a criança não aceitava. Ele respondia: "O meu pai é o meu pai!", pois sempre chamou Carioca de pai e foi o único que conheceu.

Aos 18 anos, Marcos pediu de presente de aniversário a alteração de seus documentos constando Carioca como o pai. E assim foi feito. Nesse tempo, eles já tinham se casado, pois ela era viúva e ele divorciado.

Após quatro anos na firma, ele saiu e ficou desempregado por um tempo. Ficou entristecido e ela o incentivou a procurar a cooperativa.

Mais tarde, Margarida também foi trabalhar na cooperativa. Ela trabalhou na casa de Andreia por dez anos. Ela ajudou sempre Margarida em tudo. Foi amiga, irmã, uma pessoa muito boa. Não a deixava esmorecer. Quando Margarida pensou em sair de lá para ir para a cooperativa, não foi diferente. Ela deu a maior força, foi fundamental. Apoiou também seu casamento com Carioca e lhe dizia que os dois juntos tinham potencial. São amigas até hoje.

O primeiro ano de cooperativa foi maravilhoso, segundo ela. Os dois sobrinhos, Tiago e Paulo Cesar também foram para lá. Ajudaram muito. Às 4 da manhã, eles saíam com o Carioca para fazer a coleta. Iam para a Avenida Brigadeiro Luis Antonio, esperavam o caminhão. Debaixo de chuva, frio. Carregavam o caminhão com o material e iam para a cooperativa onde trabalhavam até as 22 horas.

No início, quando Margarida chegou na cooperativa, ela estranhou uma coisa. O Carioca, seu marido, aquele que ela conhecia, era um homem calmo, pai de família, de fala pausada, baixa, que não fala palavrão, que não tem agressão na fala, tranquilo, um cara família, bem carinhoso. O Carioca, líder da cooperativa, era brincalhão, amigo, mas explosivo quando tinha que ser. Gritava se tinha que gritar. Era duro.

Margarida tinha medo que as pessoas saíssem, que batessem nele, porque ela via que as pessoas tinham medo dele.

Em 2008 veio a crise e, para poder driblá-la, Carioca começou a fazer cursos. Estudava, se informava, se esforçava. Ele sempre gostou de ler e viu que era hora de correr atrás de conhecimento. Precisava saber lidar com o computador, precisava saber das leis. E nunca parou, atualiza-se sempre.

A partir de então, ele passou a receber convites. Em 2013, recebeu um convite para trabalhar na prefeitura. Era tentador. Margarida achou que ele não deveria ir e aconselhou.

Ela ponderou que na Coopercaps ele tem prestígio, é respeitado por outras cooperativas e por todos. A Coopercaps é referência. Ele tem um nome a zelar. Vêm pessoas de todo o mundo para aprender com eles; do México, dos Estados Unidos, Moçambique, Angola e muitos outros países. Recebem crianças de escolas para aprenderem sobre reciclagem, cooperativismo e consciência ambiental. Eles adoram conhecer o Carioca. Margarida acha que a Coopercaps vai bem com o Carioca e vice-versa e ele deve resistir a tentações por mais promissoras que pareçam. Seu lugar, para ela, é ali.

Margarida foi imprescindível em toda a trajetória de Carioca. Sempre apoiando, preconizando. O pressentimento e sensibilidade feminina não costumam falhar e, desde que a conheceu, ela foi peça fundamental em todas as etapas, decisões e vitórias de sua vida.

Carioca e Margarida

O casamento

Capítulo 9

"TELININHO MORREU!"

A morte, assim como o nascimento,
é um momento do qual não nos lembramos...

À s vezes bate uma nostalgia do ventre da mãe, uma saudade do desconhecido!

No momento em que o passado é transformado em história, não se carrega mais os sentimentos, as mágoas, os traumas. Passado é pesado, história é sublime... Aí tudo passa a ser você, da forma mais positiva, trazendo na mochila somente o que você é hoje, mas que o passado ajudou a compor... Nada mais te pertence, tudo é jogado para o universo!

— Telininho morreu!

A notícia caiu como uma bomba nos ouvidos de Sr. Telines! A informação chegou sem muitos detalhes. A família toda entristecida calou-se em luto e desalento.

Talvez, para o pai, nem os anos de ditadura, os dias de cárcere, a perda de Teresa, o distanciamento dos filhos, nada tenha sido tão sombrio quanto aquele dia.

Apesar da consternação, não receberam a notícia com muita surpresa. Imaginavam a vida desregrada que ele levava. As drogas, o álcool, as condições. Para dizer a verdade, até esperavam por isso, uma vez que não recebiam nenhum sinal de vida há muito, muito tempo.

Pai e filho ficaram dez anos sem se ver, até que em 2008, Telininho, incentivado pela esposa Margarida, procurou o pai e a mãe Dona Laurentina.

Retomar a relação pai/filho, pedir perdão a ele e à mãe de número 3, resgatar um sentimento escondido tão profundo, mas não menos legítimo, foi uma das mais nobres e verdadeiras atitudes que ele já experimentou na vida.

Sua alma se enche de contentamento e brio, por ter tido essa coragem, esse ímpeto, essa decisão. O contrário de arrependimento, é a certeza e o orgulho de ter feito a coisa certa e a felicidade de seu resultado.

Se enche também de gratidão. Gratidão a Dona Margarida, que tanto insistiu, o aconselhou, cobrou o fato de não conhecer o sogro. Queria muito visitá-lo. Não se conformava. Não aceitava pai e filho tão distanciados. Ela sabia, no seu coração de esposa dedicada, delicada e que o ama muito, que dentro do peito Telininho sofria muito a saudade de seu pai. Ele reconhece que todo o mérito é de Margarida e das crianças, que insistiram. "O orgulho falava mais alto, mas foi a melhor coisa que já fiz", ele diz.

Hoje, ele tem o coração aliviado e a consciência tranquila.

Que felicidade! Telininho não havia morrido. Estava vivo! Muito vivo, vivo o suficiente para ter a humildade e a sabedoria de pedir perdão.

Porém, seu pai não pôde vê-lo. A diabetes o havia cegado há 17 anos. Laurentina e suas filhas cuidaram dele com carinho todos esses anos. Mas ver era o de menos para o Sr. Telines. Sentir a presença do filho ausente tanto tempo, ouvir sua voz, poder abraçá-lo, falar com ele, saber que seu caçulinha tão amado estava ali a um palmo de distância, poder perdoá-lo, constatar que era mentira que ele tinha morrido, perceber que estava bem, vivo, feliz, enchia-lhe o coração de júbilo e felicidade. Que mais poderia desejar um pai?

A partir de então, Telininho visitava o pai a cada dois meses. Chegava na sexta-feira e passava o final de semana. Eram dias de festa, de muita alegria e união!

Dia 5 de outubro de 2010, Carioca foi convidado para dar uma palestra no BNDES, no Rio de Janeiro, no Projeto Brasil-

-Japão. Como estava a trabalho, os compromissos do evento assim como os voos foram marcados por outras pessoas.

Era aniversário do Sr. Telines e Telininho queria muito ir dar-lhe um abraço, mas não foi possível. Não houve um período de tempo livre suficiente. Ficou triste por estar tão próximo e não poder lhe dar os parabéns pessoalmente. Ligou para ele, parabenizou-o e foi a última vez que falou com o pai. Sr. Telines faleceu no dia 27, três semanas depois...

Carioca tem hoje a alma serena e gratidão, por ter tido tempo de se reconciliar com seu velho pai, por ter tido a oportunidade desse convívio nos seus últimos tempos, por ter tido a honradez de pedir perdão e de ter recebido esse perdão. Também Dona Laurentina o perdoou.

Com Dona Filomena, a número 2, Carioca não deixou de se comunicar. Enviavam-se cartas com certa frequência. A última vez que a viu foi em 1994 no Rio de Janeiro. Houve um tempo em que parou de responder às cartas. Mais tarde, soube que ela havia falecido de morte súbita, sem que se esperasse.

Ele pensa que, enquanto ela estava viva, provavelmente avisava à família sobre as cartas, mas, depois que ela se foi, eles devem ter ficado sem notícia nenhuma dele.

Em uma de suas visitas, seu pai havia lhe contado, a essa altura muito religioso, que em suas orações sempre pedia a Deus para que o filho voltasse. E Deus realmente o ouviu...

Palestra do Carioca no BNDES

Capítulo 10

AS RODAS DA BICICLETA

Agradeçamos às pedras da estrada,
desviando delas é que encontramos o caminho...

Parte 1 – Por quê?

Nem sempre nos damos conta de como o mundo pode ser duro conosco e de quanto nosso destino pode estar fora do alcance de nossas mãos. A vida é uma seara incerta, pronta a ser cultivada, mas em meio à plantação existem as pragas: os medos e as inseguranças; as esperanças e as desesperanças; as ilusões e as desilusões; os desejos e os receios; o inesperado e o impiedoso.

Somente os fortes sobrevivem, os sábios aprendem e os sensíveis desvendam...

Aquela coisa de que Deus escreve certo em linhas tortas, ainda que não se acredite em Deus, há que se observar que os fatos negativos da vida surgem como forma de revigoramento, aprendizagem ou propósito. Aí é que nascem os fortes, os sábios e os sensíveis...

Não é fácil perceber isso de imediato. E a gente teima em fazer planos... O fato é que não sabemos de nada... Estamos longe de conhecermos o que é bom e qual o caminho certo.

Sempre que algo "ruim" acontece, um "mal" nos atinge; praguejamos, xingamos, nos revoltamos, choramos, gritamos, chutamos ou pelo menos queremos uma explicação. Gostaríamos de saber o porquê e muitas vezes dizemos a famosa frase: "Por que eu?".

No momento em que o fato ocorre, realmente não há luz que nos oriente a compreender. Esse "momento" pode ser bastante tempo, até mesmo um largo período de nossas vidas.

Com o passar do tempo, olhamos para trás e conseguimos, então, vislumbrar com olhos de espectador, de quem não participa mais da cena, não pertence mais ao momento, praticamente desprovidos de emoções, e nessa hora tudo pode se tornar mais claro, ou não.

Há que se pertencer a pelo menos um dos grupos: dos fortes, dos sábios ou dos sensíveis. Nessa hora podemos perceber que sim, saímos invariavelmente fortalecidos, mais sabedores e perceptivos.

Após esses desafios e sacrifícios, lidamos melhor com aquilo que chamam vida. Quando as próximas provas surgem, ainda que de outra natureza, condição ou intensidade, enfrentamos com a confiança, madureza e sapiência de quem já foi testado. Só então enxergamos qual era a missão do "mal"; ou não.

Reverenciar o "mal" no "momento" em que ele passa é tarefa para santos. Como humanos, cada um tem seu tempo para descobrir os porquês, desvelar a finalidade, crescer com o estímulo.

Contentar-se em saber que há um desígnio por trás e um motivo ponderado, esperar com serenidade é evitar desperdício de energia e tempo... Isso é para os fortes, os sábios e os sensíveis... Porém para alcançarmos é preciso passar pela experiência.

Parte 2 – Por que eu?

Morando 12 anos num ferro-velho num barraco de madeira, onde o colchão era feito de papelão e o travesseiro era um bloco de madeira, os "comoradores" eram galinhas, ratos e outros bichos, entregue às drogas e ao álcool, Carioca sentia-se desconsolado, sem muito "motivo para viver".

Ele, que sempre foi um homem de fé, chegou a duvidar. Ele, que nunca fez nada de mal a ninguém, vivia questionando:

"Será que Deus está de mal comigo?"

"Por que eu estou aqui?"

"Tenho pai e irmãos que são exemplos, por que estou assim?"

"Por que comigo?"

"Por que eu?"

O orgulho falava mais alto quando pensava em procurar alguém. Mesmo estando por baixo, não queria pedir socorro.

A empresa do Sr. Abílio, um antigo funcionário aposentado da Bosch, chamava-se JAI. Era a junção das três iniciais dos sócios: José, o Paraíba, Abílio e Irineu.

Eles compravam motores velhos de onde tiravam cobre, alumínio e sucata de ferro.

Era o ano de 2002. Abílio contratou Tiana para queimar o material, facilitando assim a extração dos minérios.

Nessa época, nasceu uma amizade e um trabalho que mudou, mais uma vez, a vida de Carioca. Abílio chamou-o para trabalhar ajudando-o na compra de material. Em pouco tempo, Sr. Abílio já tinha muita confiança nele, a ponto de dar em suas mãos o caminhão e os cheques em branco assinados para fazer sozinho as negociações.

Carioca acompanhou Abílio em todo o trabalho, aprendeu muito com ele e, pela primeira vez, por meio dele, foi "apresentado" a uma cooperativa.

Ele tem muita gratidão a todos da JAI. Tornou-se amigo de todos e de suas famílias. Tem muito carinho por todos. Sua vida melhorou muito graças à oportunidade que lhe deram essas pessoas, que lhe estenderam a mão e acreditaram no seu potencial.

Ele alugou um quartinho na Vila São José, tinha o seu cantinho, seu salário e muito mais do que teve em todos esses anos que até então vivera em São Paulo.

Nesse período, tinha contato com a cooperativa e volta e meia o chamavam para trabalhar com eles. Ele resistia, pois era muito agradecido aos patrões na JAI, estava contente com o tratamento que recebia lá e também ponderava se a cooperativa lhe daria uma renda que pudesse lhe dar garantia. Ouvia os cooperados dizerem que trabalhavam só para a refeição, que o que se gerava ali era suficiente somente para a alimentação.

Certo dia, Sr. Abílio tirou férias e Sr. Irineu ficou em seu lugar. Em uma discussão entre Irineu e José Carlos, um colega de Carioca, este tentou apaziguar defendendo o companheiro. Sr. Irineu irritado despediu-o. Sem imaginar, Sr. Irineu estava lhe dando um impulso certeiro. Carioca resolveu então procurar a cooperativa.

Dia 1º de julho de 2006, sábado. A França derrotava o Brasil por 1 x 0 nas quartas de final da Copa do Mundo no estádio de Commerzbank-Arena em Frankfurt, Alemanha. Mais conhecido como Waldstation, esse estádio nunca deu sorte para o Brasil em Copas do Mundo. Empatando por 0 x 0 em 1974 contra a então Iugoslávia e também em 0 x 0 contra a Escócia, o Brasil definitivamente nunca balançou as redes daquele local.

Nesse sábado Carioca estava decepcionado em ver o time de seu país ser eliminado pela França e ao mesmo tempo muito animado com o que lhe acabara de acontecer. Um dia antes, na sexta-feira, ele procurou a cooperativa, que sem vacilar já o admitiu para o dia seguinte.

Ele foi, feliz, no sábado de Copa do Mundo, para seu primeiro dia de trabalho na cooperativa, para dela não mais sair. A França soltava fogos, o Brasil voltava para casa. Thierry Henry, na Alemanha, fazia um importante gol em sua carreira e Carioca, no Brasil, sem saber na época, fazia o gol mais importante de sua vida profissional, o primeiro de muitos...

Parte 3 – Por quê? Eu

Em dezembro do mesmo ano, ele saiu de seu quartinho para se casar com aquela que veio a ser o grande amor de sua vida: Dona Margarida. Conselheira, paciente, inteligente, companheira de todas as horas e de uma vida. Aquela que mudou para sempre seu destino. Ele agora tinha o tal "motivo para viver" que antes lhe faltava. Por fim, a luz começava a brilhar novamente em seus dias, como o início de um verão após um sombrio e prolongado inverno. Margarida lhe trouxe essa luz! Junto com seus adorados filhos, que completavam a felicidade.

Dizem que a vida é como as rodas da bicicleta. Se não estiverem todos os aros e do mesmo tamanho, ela não anda direito.

Carioca sentiu que, depois de tanto tempo, tanto padecimento, tantos altos e baixos, muito mais baixos que altos, tanta solidão, por vezes vontade de desistir, sua bicicleta da vida estava andando para a frente. Tinha agora os aros sendo ajustados: uma esposa que o apoiava, um trabalho, uma casa, uma família que o amava. Podia, enfim, respirar um pouco mais aliviado...

Carioca senta e começa a lembrar. Repassa rapidamente a primeira etapa de sua vida em sua mente. A etapa pré-cooperativa. Antes de aparecer o anjo, antes de formar família, antes de conhecer o amor, antes de servir de exemplo e orgulho para tanta gente. Se recorda de todas as provações que atravessou, as perdas, os distanciamentos, aflições e angústias, todo o seu calvário para chegar até aqui. A morte de Teresa, a perda da convivência com os irmãos, a separação de Filomena e do pai, a fase das drogas e do álcool, a vida na rua, o quase não ter o que comer, o morar num ferro-velho sobre um papelão, a notícia da morte de Filomena, o seu afastamento voluntário de seu pai e da família, a incerteza do novo enfrentando a cidade grande desconhecida, o puxar da carroça, a humilhação... Que fase longa! Que fase desditosa! É até doce de tão triste! Até dói de tão bonita!

As histórias mais dolorosas costumam ser as mais comoventes. Não é bonito se não for sofrido! História feliz não dá novela!

Olhando para trás, Carioca pode achar muitas respostas para as suas antigas questões, principalmente para a maior delas:

"Por que eu?"

Sem todo esse passado, possivelmente não daria ao presente o valor devido.

Não que seja fácil. A vida sempre nos apresenta pelo menos um leão por dia. Mas hoje ele pode bater no peito e olhar para o céu, não com arrogância, mas com amor-próprio; não com vaidade, mas com honradez; sem alarde, mas com glória; sem imodéstia, mas com dignidade e rezar: "Senhor, compreendi por que eu!".

Parte 2

O PRESIDENTE

Capítulo 11

UM É POUCO, DOIS É POUCO, MUITOS É PERFEITO!

"Queremos que você seja nosso líder!"

O biênio 2007/2008 do mandato da diretoria da cooperativa se encerrava. Os cooperados incentivavam Carioca: "Você tem que se candidatar!", "O presidente tem que ser você!", "Você tem que tomar conta da cooperativa!", "A gente confia em você e em seu potencial!".

Um tempo antes, quando Carioca chegou na cooperativa, a partir daquele sábado de Copa do Mundo, ele já tinha uma bagagem, com a qual pôde ajudar bastante lá. Tinha experiência na separação de plásticos e ensinou-os como agregar valor segregando o material. A cooperativa, de certo modo, estava no seu começo e ele acabou participando do processo de sua formação.

Quando fazia menos de um mês que Carioca trabalhava lá, a cooperativa viu a necessidade da criação de um segundo turno, pois a demanda aumentara. Decidiram então que o primeiro período seria das 6 horas da manhã até as 16 horas e o segundo, das 16 às 22 horas. A diretoria convidou o recém-chegado Carioca para coordenador do segundo turno.

O grupo noturno e com bem menos horas de trabalho teve um maior desempenho em termos produtivos. Carioca se empolgou com o que viu: um pessoal que aceitava desafios, arregaçava as mangas, um grupo unido. Era prazeroso comandar pessoas entusiasmadas e dispostas, felizes por estarem colaborando, trabalhando com satisfação.

Com um ano de união, saíram todos sem exceção para celebrar. Os evangélicos beberam refrigerante, mas não deixaram de comemorar.

Esse momento foi quando começou a perceber seu lado líder florescendo...

Era um tempo em que ele trabalhava demais. Como coordenador à noite e coletor de dia. A coleta era feita junto ao grupo Pão de Açúcar, onde a população levava material reciclável.

No começo na cooperativa, Carioca teve que se adaptar. É um universo bastante diferente de uma empresa convencional, com o qual estava habituado. Ele não entendia disso. Iniciou, então, uma busca de informações, a fim de renovar-se e aprender o mecanismo dessa nova atmosfera. Passou então a frequentar cursos gratuitos da OCB, Organização das Cooperativas do Brasil, em São Paulo. Assistiu a mais de 30 cursos do gênero. Leu incansavelmente tudo sobre a lei do cooperativismo. Começou a entender sobre o assunto e a gostar.

A diretoria, então, convidou-o para ser representante comercial, responsável pelas vendas. Acabou como coordenador geral. Da parte operacional ele já tinha vivência e traquejo e agora passava a ter também familiaridade e necessidade de aprender com o lado administrativo, trabalhando com a comercialização.

Na troca de diretoria, acabou não havendo disputa entre chapas. A chapa era única e era a do Carioca. Não teve concorrente porque todos concordavam que ele deveria ganhar. A própria presidente de então, dona Sandra, compartia desse consenso e entrou na chapa única como tesoureira. Todo esse apelo mexeu com o ego de Carioca. Sentiu-se fortalecido e muito apoiado. Tudo pronto! Já tinha tudo para fazer uma grande gestão! Mas nem tudo costuma ser tão simples na vida...

2008. Auge da crise econômica mundial. Bem no princípio de seu mandato na cooperativa, houve uma debandada de pessoas por conta da crise que se instalava no mundo. De 50 cooperados, ficaram 20 e poucos. Em uma cooperativa, não existe salário, existe rateio. O valor recebido no final do mês não é fixo. Não tinha para quem vender, o preço pago estava baixíssimo. A retirada mensal das cooperadas e dos cooperados era ínfima. Coincidentemente e para seu desalento, na primeira semana começaram a sair.

Não tinha muito o que fazer. Crise é crise. Ainda mais uma nas dimensões que era essa. Com os que ficaram, foi preciso reformular a cooperativa para sua sobrevivência. Esse foi o primeiro desafio do Carioca lá como dirigente.

As ideias começaram a aparecer. Era preciso contar com o raciocínio e a imaginação nesse momento vulnerável. Qualquer parecer por mais infecundo que parecesse era bem-vindo, pois dele mais 20 e poucas mentes poderiam divagar e ponderar juntas chegando, quem sabe, a alguma saída satisfatória.

Com essa filosofia de liderança, adotando a união como lema e sempre priorizando a harmonia, a concordância e o respeito entre todos, a Coopercaps (Cooperativa de trabalho e produção, coleta, triagem, beneficiamento e comercialização de materiais recicláveis da capela do Socorro) foi reinventada e reconstruída. Afinal a palavra "cooperativa" vem de "cooperação". Alternativas foram procuradas, parceiros foram buscados, o poder público foi acionado, empresas foram contactadas.

Nessa época, abriu-se no BNDES um programa de fomento às cooperativas de catadoras e catadores. Ofereciam uma verba a fundo perdido. Era preciso apresentar um projeto e pela sua posterior execução não se iria pagar. A contrapartida era gerar postos de trabalho, aumentar a renda de catadoras e catadores, tentar automatizar a cooperativa em ajuda ao trabalho pesado; dando assim, de sua parte, a importante participação no crescimento da economia do país, que se fazia urgente naquele período.

Eles não sabiam por onde começar. Não entendiam nada daquilo. Não tinham experiência. Ele mal sabia ligar um computador. Novamente se viu face a face com o desconhecido. Novamente teve que encarar mais um desafio. Reinventar-se, reinventar-se, reinventar-se.

Parece que, em um curto espaço de tempo, era só o que fazia. E naquele tempo, no meio do furacão, não tinha como perceber quanto prosperava com isso. Tudo o que enxergava nessa desordem era a imediata premência de tudo salvar, de encontrar meios...

Sentia-se como num filme em que o herói corre desviando das balas atiradas incessantemente e que pegam de raspão. E o que o encorajava era saber que tinha a plateia ansiando pelo seu sucesso, a torcida vibrando, seus companheiros dispostos a colaborar e, mais que tudo isso, tinha sob seu comando vidas cuja sorte dependia do êxito ou do malogro do que ali se desdobrasse...

Momentos da Coopercaps

Marta Suplicy visitando a Coopercaps

Capítulo 12

A ESTRELA BRILHA!

Chegou o formulário do BNDES. Mais uma vez, Carioca iria ter que procurar, pesquisar, se informar, ler, aprender, ver como é que se faz.

E não tinha quem pudesse ajudá-lo, ou pelo menos pensava isso, pois Deus estava olhando por ele e ia entrar em ação no momento oportuno.

Respondiam às questões por eles solicitadas, preenchiam fichas, enviavam orçamentos de maquinários que viam interessantes. Os formulários iam e voltavam, para ajustar o que não estava correto. Iam e voltavam. Iam e voltavam. Iam e voltavam. Não se conseguia finalizar e havia prazos.

Num arroubo de ansiedade, Carioca pôs fim a esse impasse. Levantou-se subitamente e falou à diretoria: "Preciso de dinheiro para uma passagem para o Rio de Janeiro e vou diretamente ao BNDES. Vou no próximo ônibus". E assim o fez.

Chegou ao Terminal Tietê à meia-noite e desembarcou no Rio às 6 horas da manhã. Ficou em frente ao prédio até as 10 horas, quando abre.

Ao ser atendido, a recepcionista lhe informou: "Como não tem hora marcada, não pode subir". Aquilo lhe caiu como um raio que lhe partia ao meio. A sensação era de decepção, impotência, desânimo, abatimento, susto, irritação, frustração, mas não se deixou derrocar por nada disso. Raciocinou rápido, ou nem raciocinou, talvez tenha agido pelo instinto de sobrevivência. Sabia de sua responsabilidade e de sua missão. Não iria entregar os pontos assim facilmente, já que já tinha chegado até ali. O fato é que respirou fundo e prosseguiu. Não era hora de desabar. Tinha prazo curto, já estava no lugar certo. Veio por uma causa, virar as costas e voltar seria a derrota, não tinha mais nada a perder. Não titubeou em nenhum momento. Decidiu que veio para lutar e continuaria ali, lutando.

Ele resumiu à moça o seu calvário e explicou que de seu projeto dependia a vida de muitos trabalhadores, trabalhadoras e suas famílias. Uma angústia lhe tomava conta e se pôs a falar aflitamente e sem parar. Descreveu tudo o que estavam passando, os formulários, os retornos, os prazos, que tinham mais três ou quatro dias, que não sabia, não sabia responder, que ela tinha, tinha que compreender, fazer alguma coisa, que não poderia perder, que veio de São Paulo, que não podia ir embora e pôr tudo a perder, que... e desabafou rogando-lhe num tom mais alto: "Menina, me ajude!".

Nesse momento sua estrela brilhou. Passava atrás dele, não por acaso, um rapaz, Paulo Roberto, funcionário do BNDES, uma alma enviada, dessas que aparecem muito poucas vezes ou somente uma na vida: "Vem cá, vou tentar te ajudar!".

Sentaram-se num sofá num hall. O rapaz olhou o projeto, analisou atentamente item por item, rabiscando por cima e o orientando. Explicou tudo a ele e deixou-lhe seu cartão. Desinteressadamente, só querendo ajudar. Que generosidade da parte de Deus enviá-lo! Que humanidade da parte do rapaz ajudá-lo! Carioca só tinha gratidão a tudo o que acabara de acontecer.

Estava tudo pronto, era só passar a cola para o computador. Voltou correndo para São Paulo. No ônibus lhe passava um filme na cabeça. Cena a cena. Desde o momento em que resolveu repentinamente ir ao Rio, a espera em frente ao edifício, toda as adversidades que atravessara em 24 horas e o desfecho. Estava, porém, ainda muito ansioso, não conseguiu dormir no ônibus. Era muita agitação que lhe cruzava a mente de modo a não o deixar relaxar, não conseguia descontrair um pouco, pois ainda tinha algum receio. Só sossegaria quando tudo estivesse enviado e aceito.

Chegando em São Paulo às 8 horas da manhã, foi direto para a cooperativa. Elaborou as respostas ao formulário no computador conforme a orientação. Enviou e... dessa vez não voltou. Após toda a aprovação, foram contemplados com 432 mil reais, em 2009, o que lhes possibilitou a compra de um caminhão, três novas prensas, uma perua Kombi, uma pá carregadeira (Bobcat) e uma empilhadeira, essa última evitando o carregamento braçal do caminhão. Cada fardo pesa de 200 a 300 kg.

O trabalho passou, então, a ser semiautomatizado, sem que ninguém fosse dispensado, ao contrário, foram gerados mais postos de trabalho, uma vez que a produtividade aumentou, aumentando assim também a renda per capita dentro da cooperativa.

Todo esse percurso chamou a atenção e chegou aos ouvidos da prefeitura. O diretor na época da então Limpurb (Departamento de Limpeza Urbana de São Paulo), hoje Amlurb, Wagner, mais conhecido como Sting pela semelhança com o famoso cantor, cuidava dessa parte de projeto de catadoras e catadores. Sting chamou Carioca informalmente para uma conversa. Ele na verdade o chamava para algo que mais lembrava um delírio, algo que Carioca jamais poderia imaginar nem nos seus melhores sonhos... Parece que mais uma vez sua estrela brilharia...

Capítulo 13

O SOL NUNCA SE PÕE

Em setembro de 2009, Osaka e São Paulo estavam comemorando 40 anos de cidades-irmãs. Uma delegação japonesa veio a São Paulo e convidou a prefeitura a participar das solenidades e comemorações. Trouxeram consigo um presente surpreendente. Uma réplica do sino Miotsukushi, da Prefeitura de Osaka.

No dia 4 de setembro de 2009, uma sexta-feira, suas badaladas foram ouvidas na prefeitura de São Paulo e, para marcar os 40 anos da assinatura do acordo de cidades-irmãs, foi realizada uma cerimônia de doação do sino, com a presença de autoridades dos dois países. O sino original, que contém as palavras "Boa Criança", encontra-se na parte superior do prédio da prefeitura de Osaka.

Ele foi um presente doado por mães para ser tocado todos os dias para o crescimento saudável das crianças da cidade japonesa. Nas festividades, a delegação com essa doação desejou esse mesmo destino às crianças paulistanas.

O conceito de cidades-irmãs surgiu em 1947, após o final da Segunda Guerra Mundial e é usado para descrever um acordo de cooperação feito entre duas cidades com o objetivo de promover laços culturais e de amizade.

Inicialmente esses acordos tinham como principal objetivo selar a paz e favorecer a reconciliação entre países que se posicionaram em lados opostos durante a guerra. Com o passar dos anos, esse intercâmbio ganhou um viés cultural, comercial e turístico, incluindo universidades que viabilizam troca de conhecimentos e experiências. Essa relação estreita elos, fomenta a cooperação, solidariedade e compreensão intercultural, por meio de programas comunitários, educacionais, sociais e culturais. A coirmandade internacional se trata de parcerias permanentes, reconhecidas oficialmente por lei.

O Japão tem uma expertise muito grande na área de resíduos sólidos, por ser uma ilha pequena, com um enorme número de habitantes. Eles têm que destinar seus rejeitos da forma mais correta possível para liberar espaço, que é escasso.

A JICA (leia-se jaica) é uma Agência de Cooperação Internacional do Japão atuante junto ao governo e presta ajuda a países subdesenvolvidos em várias áreas.

Em 2009, ela enviou um grupo ao Brasil para fazer um trabalho de educação ambiental nas escolas. O japonês entende como ideal iniciar esse trabalho de conscientização já com as crianças.

Carioca tinha feito uma breve apresentação na Limpurb e o pessoal da prefeitura começou a acreditar no potencial da Coopercaps, que foi selecionada para ser treinada pelos japoneses.

Fizeram o piloto, o desempenho foi favorável. Acabada a formação, eles foram embora. A cooperativa é muito grata por esse legado deixado pelos japoneses da JICA. Atuam até hoje nesse trabalho com as escolas da região, participando inclusive de reuniões de pais, levando informação também aos adultos.

Sting, naquela tarde em que chamou Carioca para conversar, veio lhe fazer um convite em nome da prefeitura. Queria que apresentasse para a prefeitura de Osaka e para algumas empresas o projeto desenvolvido por eles em São Paulo.

Carioca não tem dúvidas de que várias vezes os deuses conspiram a seu favor. E sabe identificar cada vez que isso acontece. Lá estava a estrelinha acendendo de novo... Ao longo de sua vida, foi acumulando essas dádivas, sempre com muita gratidão.

Ainda meio incrédulo, e paradoxalmente achando que devia ser um milagre, de repente um catador, sem perspectiva nenhuma, conduzido pelos cooperados à presidência e em nove meses ter que sair correndo para tirar um passaporte. Nunca tinha entrado num aeroporto. O máximo de contato que pode ter tido com um avião era quando assistia, às vezes, da janela de um ônibus, uma aeronave decolando, ou outra pousando enquanto fazia coleta nos tempos de carroça, nas imediações do Aeroporto de Congonhas, na Avenida Washington Luís ou na Avenida dos Bandeirantes. E, assim, ter que ir às pressas na Embaixada conseguir visto era surreal para ele. E chegou o dia. Era verdade. Não era invenção. Era real: 12 horas até a França; 5 horas de conexão; 13 horas até Tokio; 2 horas de conexão; 2 horas até Osaka. Para quem nunca nem poderia ter imaginado, foi uma bela estreia!

A experiência foi bem tensa. O inusitado sempre assusta. Tanta demora, tanta espera, tanto medo. Medo do primeiro voo na vida, medo dos procedimentos, medo do tamanho do avião, medo dos ruídos, medo dos balanços, medo de ficar tanto tempo pendurado no ar, medo de chegar num país estrangeiro, medo da língua de um lugar estranho, medo do novo, da inexperiência, da novidade, do desconhecido, do incomum. Medo! Medo! Medo! Muita coisa junta, Deus!

Na cadeira ao lado, tinha uma moça. Ele começou a observá-la como alguém que vai a um banquete pela primeira vez com a rainha e não sabe usar os talheres. A moça pegou o fone de ouvido, conectou no braço da cadeira e apertou um botão. Ele repetiu seus movimentos. Ela colocou um filme. Ele colocou um filme. Depois viria a refeição. Ela desconectou o fone. Ele desconectou o fone. Ela baixou a mesinha. Ele baixou a mesinha. Ela resolveu dormir depois de comer. Ele fingiu dormir. "Não paguei mico nenhum", orgulha-se.

Quando pensou que talvez, quem sabe, pudesse relaxar um pouco, vieram as turbulências, muitas, fortes, intensas, continuadas. Justamente no primeiro voo, indo para Paris. Não se lembra de em outro momento de sua vida ter rezado tanto. Treze horas seguidas ininterruptas. Ele definiria tudo o que passou como algo bem marcante, maravilhoso e terrível ao mesmo tempo! Não faltou emoção.

Não bastasse todo esse ineditismo de uma vez só, tinha algo que o assustava ainda mais, mas isso ele deixou para pensar só quando lá chegou. Ele havia se habituado nesses poucos meses a palestrar e orientar crianças e pais nas escolas. Deu também palestras em outros lugares, mas lhe assombrava a ideia de falar para um público de empresários, funcionários e cidadãos que nem sequer falam sua língua, não são de sua cultura e em uma terra estranha. Ele tinha a nítida sensação de que entraria em pânico, paralisaria e não conseguiria proferir uma palavra.

Finalmente chegou o dia da apresentação. Um pouco antes do início, soube que, além dos funcionários da prefeitura de Osaka, o pessoal da JICA, e outros cidadãos do país, estavam lá também pessoas de outros países iniciando curso de gestão de resíduos. Essas pessoas vinham da Turquia, México, Uruguai e muitos outros lugares... Como já estava tomado pela tensão e ansiedade exorbitadas, ao ouvir essa notícia, o que já estava imenso, em sua mente se agigantou ainda mais. O evento em sua cabeça tomou proporções assustadoras.

A sua palestra abordava os assuntos que mais dominava: o trabalho dos catadores de São Paulo, geração de renda, postos de trabalho, economia solidária. Mas quando você está quase apavorado, essa segurança de lembrar que sabe o que está falando não vem. Você é dominado ao mesmo tempo por um misto de emoção e nervosismo, que são coisas distintas. Nessa somatória de sentimentos e com tanta adrenalina circulante, tudo o que ele se lembra é de seus joelhos tremerem como nunca vira antes.

Por sorte, Telininho herdou do senhor Telines o dom da oratória e uma voz eloquente e firme. Ele respirou fundo, nesse momento seu pai, que era seu herói e inspiração, veio-lhe rapidamente à mente, concentrou-se, tirou a atenção dos joelhos e focou em seu discurso. Tudo fluiu normalmente, tudo transcorreu bem, como se estivesse na escola de seu bairro falando às crianças. Ele acha que de novo foi o dedo de Deus.

Depois fez outra apresentação também para a prefeitura de Osaka e foi convidado a participar do curso de gestão de resíduos sólidos urbanos que eles estavam ministrando para aquele pessoal que assistiu às suas palestras.

Foi o primeiro diploma que recebeu em mãos, pois o diploma de conclusão de segundo grau no Rio de Janeiro ele ainda não foi buscar. Que cena impensável! O primeiro diploma de um ex-catador de sucata de São Paulo ser recebido no Japão! Mais uma emoção da viagem, como se já não tivesse havido tantas!

O curso foi muito válido e proveitoso, trouxe muita informação prática e aplicável para quando retornasse ao Brasil e esse diploma teve um significado muito especial para o Carioca. Ele representava exatamente aquilo que um diploma representa: a materialização do esforço! Tinha esse significado. Ele não era apenas o diploma de um curso muito bom que ele fizera no Japão, era muito mais. Era a confirmação palpável, tangível, concreta, tocável e irrefutável, era a prova cabal e categórica de que tudo o que fez até então, de que tudo o que passou, o que sofreu, todas as incertezas do passado, todos os passos em falso e todos os certeiros, tudo isso valeu, sim, estava ali, em suas mãos, dava para pegar!

Nessa viagem foram também a engenheira Fátima, responsável pelos aterros sanitários da cidade de São Paulo e o engenheiro Sting. Entre palestras, conexões, esperas, voos, os três conversaram bastante, até porque eram os únicos brasileiros que ali se encontravam.

Essa troca foi bastante rica. Fátima tinha uma imagem bastante distorcida sobre catadores, assim como a maioria de nós, que por ignorância não temos noção do que se trata exatamente. Carioca elucidou bastante a ela sobre a profissão. Ela percebeu a emoção dele ao falar, o quanto aquilo era valioso para ele e comentou: "Rapaz, você conseguiu mudar a minha visão sobre catadores e cooperativas. Eu achava que esse universo era completamente diferente e imaginava as pessoas por um outro ângulo, mas esse meu conceito acabou. Confesso que fui preconceituosa". E recomendou: "Se eu fosse você, com esse potencial que você tem, eu voltaria a estudar; cursar uma faculdade agora vai fazer um diferencial incrível na sua vida".

De novo os deuses interferindo. "Às vezes eles mandam recado através de outras pessoas", ele brinca. E esse conselho ficou em sua cabeça.

Evento de Carioca no Japão

Carioca recebendo o diploma no Japão

Capítulo 14

A FACULDADE

Depois da viagem ao Japão, os laços da amizade com a engenheira Fátima se estreitaram e eles têm contato até hoje. As palavras dela naquela viagem ficaram marcadas em Carioca e lhe martelavam a mente sempre. Ele a respeita muito.

Esse conselho veio de uma engenheira ambiental com extremo conhecimento em gestão de resíduo, que cuida dos aterros sanitários da cidade de São Paulo. E ela continuou incentivando-o a cursar uma faculdade.

Carioca começou também a frequentar com mais assiduidade a Amlurb e passou a ter contato com um jovem estagiário, o Pablo, que fazia faculdade de gestão ambiental na Unisa. Pablo era muito entusiasmado com a faculdade, amava o curso, falava muito bem de tudo, dizia que os professores eram muito bem preparados e especialistas em suas áreas e sempre sugeria a Carioca que pensasse no assunto. Toda vez que o via o incentivava.

No começo de 2010, realmente o convenceu a prestar o vestibular. Pela cabeça de Carioca passavam mil coisas, mil medos.

Ele estava há muito tempo longe dos bancos escolares e a princípio foi prestar o exame para o curso somente com o intuito de fazer um teste, começar a se entrosar novamente com o universo acadêmico.

Clebinho, o sobrinho, na época morava com eles e foi o primeiro a ver que ele tinha passado, e em quarto lugar! A família toda ficou muito feliz, da mesma maneira como ficam felizes as famílias dos garotos que acabam de sair do ensino médio e entram na faculdade!

No primeiro dia de aula, ele inventou uma desculpa e não foi. Ficou receoso novamente. Imaginou chegar em uma sala cheia de jovens, que acabavam de sair do colégio, com todos os conhecimentos frescos na cabeça, achou que ele destoaria muito do ambiente. Sofreria, se constrangeria. "Como irei acompanhá-los?", avaliava. No segundo dia, incentivado pela família, não teve muito o que fazer a não ser ir e ver o que o esperava.

Tomou coragem e lá estava, numa terça-feira, diante da professora Miriam, que logo pediu aos alunos para fazerem uma apresentação inicial. Ele estava tão nervoso que não prestava atenção nos relatos dos colegas. Somente pensava: "Será que eu falo de mim?", sendo preconceituoso consigo mesmo, admite. Aos poucos foi observando que nem todos eram jovens, que havia também pessoas de sua idade e isso lhe deu certa calma.

Quando chegou sua vez de falar, resolveu contar sobre sua história, seu trabalho, o porquê de estar ali, que era um desafio estar ali e que, por estar há tanto tempo longe da sala de aula, queria buscar conhecimento e por isso foi à faculdade.

No intervalo todos o abordaram e queriam conhecê-lo. Desde o princípio, já foi adotado pelo grupo. Ele gerou curiosidade pela sua maneira cativante de se comunicar e pelo fato de já trabalhar e ter prática com aquilo que todos, de certa forma, foram lá aprender na teoria. Se encantaram também com o trabalho socioambiental envolvido. Ele se destacou, sim, só que de forma positiva.

Passou todo o receio e ele se adaptou muito bem e rapidamente. Os colegas passaram a frequentar a cooperativa, pediam ideias, orientação e foi um prazer a oportunidade de poder compartilhar seu conhecimento com todos. Isso muito o motivou e era uma felicidade ir para a faculdade, apesar da correria. Ele saía às 5 horas da tarde da cooperativa, tomava um banho, descansava um pouco no sofá e ia.

Teve dias em que o cansaço batia e Margarida e Joselma o arrastavam até o ponto de ônibus.

Clebinho também deu uma contribuição de importância essencial. Ele é engenheiro e trabalhava na época com aterro sanitário e gestão de resíduos numa empresa alemã. Ele o orientava com referências bibliográficas, fontes, informações, livros. Foi ensinando-o a familiarizar-se com a internet, mostrando-lhe o caminho dos sites sobre as matérias, links, ferramentas novas, pesquisas, coisas que em seu tempo de colégio não existia. Ele era analógico e tinha que lidar com o mundo digital.

Mais uma vez a superação! Com o contato, notou que dominava e não era nenhum mistério.

A internet foi de grande valia, além dos livros da faculdade, que era muito boa. O sobrinho o auxiliou também bastante na preparação de apresentações como, por exemplo, a do Japão.

O primeiro semestre foi um momento de reaprender a estudar, se modelar aos novos tempos e novas formas de aprendizado, de readaptação às carteiras escolares. A partir do segundo semestre, o senhor Telines pai passou a ter problemas de saúde e Carioca ia com frequência ao Rio. Foi um período difícil, perdia aulas, às vezes ocorria uma internação e ele ia correndo para lá. Foi um momento muito delicado e até pensou em desistir da faculdade, mas pensava na família.

Um dia estava bastante abatido e a professora Renata lhe deu um dos melhores conselhos que já recebeu na vida. Ele nunca mais a viu, mas também dela nunca mais se esqueceu. Ela lhe disse: "Não tranque a matrícula, siga adiante. Você é guerreiro. Você consegue. Não combina com você declinar de algo. Você tem potencial, é ótimo profissional, somente lhe falta a graduação".

Ela o motivou novamente. E tinha mais uma coisa: sabia que seu pai, um homem que prezava tanto os estudos e a educação, a ponto de um dia ter montado uma escola, tinha muito orgulho em vê-lo estudar. Pensou nele e seguiu em frente...

O curso de gestão ambiental fala de tudo o que é ligado ao meio ambiente. É um curso abrangente e cada aluno acaba optando pela área com a qual mais se identifica. Ele fala do ar, da água, do solo, de resíduos ("o lixo"). Carioca nunca teve dúvida de que seu TCC seria sobre gestão de resíduos.

"Só me encontrei quando descobri o lixo! É a minha vida! O lixo mudou minha vida! É o que amo fazer!"

As matérias específicas sobre resíduos sólidos o faziam vibrar. As outras áreas, como, por exemplo, poluição do ar, poluição sonora, das águas, compostagem, eram muito interessantes como conhecimento, mas não lhe passavam a mesma alegria ao estudar, como quando o assunto era resíduo sólido.

A faculdade para ele foi uma fonte de conhecimento, de orientação de onde pesquisar, quais livros ler, de saber como subtrair as dúvidas, saber onde buscar. Foi um ambiente novo que lhe abriu portas e sabedoria, como deve ser. É muito grato aos professores que o orientaram e lhe mostraram onde estudar.

Ao longo do tempo, ele foi inspirando confiança nos professores e pôde ele também dar uma parcela de colaboração. Eles perceberam que sua prática de tantos anos na área poderia contribuir com as aulas. Às vezes requisitavam que ele preparasse um material sobre seus conhecimentos adquiridos com os japoneses, sobre sua experiência na cooperativa e cediam algum tempo para que ele discorresse sobre esses temas em que ele tinha expertise. Para ele aquilo era um prazer. É sempre gratificante poder dividir. A essa altura, já dava palestras para variados públicos, e isso deixou há muito tempo de ser um bicho de sete cabeças.

A professora Vera, de meio ambiente, frequentemente, conseguia transporte para os alunos e a aula era dada na cooperativa. A experiência *in loco* enriquecia as aulas teóricas com a vivência dos alunos sobre o funcionamento e o ambiente da cooperativa.

Após a formatura, Carioca fez um estudo sobre a política nacional de resíduos sólidos para entender a essência da lei, que é nova, de 2010. O projeto ficou 19 anos parado no congresso e foi aprovada somente no governo Lula. Também fez um curso de especialização sobre gravimetria, que é o estudo do volume de resíduos sólidos e que dá ideia sobre a dimensão do que é gerado em termos de "lixo" na cidade.

O CATADOR E O PRESIDENTE

A faculdade e as especializações trazem bagagem, confiança e respeitabilidade. Carioca é hoje um especialista em resíduos sólidos. Os colegas veem nele alguém que pode ser consultado. Ele passa a ser um orientador respeitado tanto pelos seus pares como pelo poder público. Atrai também parceiros e investidores para a cooperativa. É possível prestar assessoria, dar palestras, prestar serviços em empresas, participar de workshops.

O Sr. Telines aguardava por uma indenização a que ele teria direito por ter sido preso político. Porém, infelizmente, ele não pôde usufruir dessa importância, uma vez que chegou em 2010, pouco depois de sua morte, e foi recebida pelos filhos. Essa quantia ajudou Carioca a pagar sua faculdade, o que o incentivou inclusive a não abandonar o curso. Onde estiver seu pai, é certeza que ficou feliz em ver esse dinheiro bem empregado.

O TCC ele fez em conjunto com a colega Carol, que na apresentação final estava sem voz. Carioca acabou apresentando sozinho. A nota foi 10. Carol fez outra faculdade posteriormente de segurança do trabalho e atualmente é técnica de segurança de trabalho da cooperativa.

São muitas as memórias e histórias interessantes do tempo de faculdade. Um pouco antes de entrar na faculdade, ele foi convidado para um projeto de gestão em um campus da Unisa, implantando a coleta seletiva.

Um dos responsáveis pela parte de sustentabilidade dessa área era um professor bastante arrogante, preconceituoso, que humilhava muito as pessoas e dizia que não concordava com o projeto. O tempo passou e Carioca já era aluno da faculdade. Ele e os colegas montaram um plano de educação ambiental para o campus onde eles estudavam. Por coincidência, o professor arrogante apareceu em uma das reuniões. Assim que olhou para Carioca falou: "O que você está fazendo aqui?", pensando ainda se tratar do catador, que ia lá sujo, malvestido e fazia a coleta contra a sua vontade.

Carioca respondeu: "Eu sou aluno aqui. Vim apresentar nosso projeto junto com meus colegas". Assunto acabado.

A sua turma também foi marcante, da qual lembra com carinho, saudade e orgulho. A classe era destacada, ajudaram a faculdade a tirar nota quase máxima junto ao MEC. Fizeram também um trabalho na semana de estudos, voltado a resíduo sólido e coleta seletiva. O trabalho foi muito bonito e chamou muita atenção. Fizeram uma apresentação com um cenário, onde colocaram um caminhão carregado de fardos de plásticos, de papelão. Todos participaram e se envolveram numa grande central de triagem. Ganharam medalhas e troféus.

E, por fim, teve o dia da formatura. Foi entrar com colegas na sala para pôr a beca e foi barrado pelo segurança. "Aqui só entra aluno". Mostrou o crachá e falou: "Sou aluno". Ele pediu desculpa. Carioca ri: "Foi para fechar com chave de ouro!".

Carioca tem para si um grande lema: deixar de estudar, de se informar, de se atualizar, jamais!

Diploma da faculdade

Capítulo 15

O COOPERATIVISMO

Uma cooperativa funciona de maneira diferente de uma empresa. A cooperativa é uma associação de pessoas que se agrupam por um objetivo comum, em que os parâmetros, direitos e deveres são estabelecidos por todos de forma democrática.

Na cooperativa não existe admissão ou contratação, e sim adesão, pelo fato de poderem juntar-se ou retirar-se voluntariamente dessa aliança a qualquer momento. Não existe salário, pois, ao final do mês, é feito um rateio em partes iguais aos cooperados.

Não existe proprietário, apenas alguém entre os próprios membros que preside para fins organizacionais. Podem ou não ter uma ligação com órgãos públicos, variando, de acordo com a natureza e os propósitos da cooperativa. O trabalho é dividido de maneira a cada um poder ajudar de acordo com suas habilidades, conhecimentos, preferências e aptidões.

Uma característica marcante que uma cooperativa tem em sua essência é a ausência da figura do patrão. O que se entende por férias na cooperativa é chamado de "descanso anual remunerado".

No governo Dilma, a lei 12.690 mudara o perfil das cooperativas e influenciara transformações cruciais. Entre outras coisas, as cooperativas passaram a ter responsabilidade com saúde e segurança do trabalho e prevenção de risco ambiental, aproximando-se nesses quesitos das empresas convencionais.

Na gestão da prefeita Marta Suplicy, houve uma dedicação especial por parte do governo municipal, na promoção desse movimento pró-cooperativas, para incentivar os catadores a se organizarem.

O PDE (Plano Diretor Executivo) da cidade estava para ser revisto e um dos tópicos abordados era a implementação do programa socioambiental, em que a prefeitura apoiaria grupos de catadores associados em cooperativas. Houve nessa época um grande empenho e atenção, o que foi decisivo para alavancar todo o processo de criação, evolução e prosperidade das cooperativas de material reciclável na cidade de São Paulo. A própria prefeita acompanhava de perto e com regularidade visitava as unidades pessoalmente.

Com a mudança dos dirigentes a partir das eleições, imprime-se diferentes formas de gestão, de acordo com o perfil e o olhar destes sobre a causa socioambiental. Como exemplo, já houve a tentativa de exigência de profissionalização e documentação dos cooperados. Porém, o perfil das pessoas, de maneira geral, é sem formação e sem escolaridade. Após um tempo de governo, perceberam a realidade e desistiram dessa determinação.

Na gestão Bruno Covas, voltou-se a ter um comprometimento com a causa socioambiental e a questão trabalho e renda. O prefeito demonstrou ter uma preocupação pessoal com a categoria de catadoras e catadores e conseguiu liberar uma verba para um curso de formação em cooperativismo e triagem de reciclagem, um projeto chamado "Reciclar para Capacitar", atendendo e remunerando catadores e desempregados. As cooperativas absorveram um bom contingente desse pessoal como mão de obra.

Por meio da narrativa da história da cooperativa que hoje Carioca preside, a Coopercaps, pode-se ter noção também sobre como começaram e se desenvolveram tantas outras, pois a trajetória que percorreram, grosso modo, se assemelha e remete ao processo cooperativista existente nos dias atuais.

A cooperativa Coopercaps teve sua origem em 2001, a partir de catadores da região sul de São Paulo, que trabalhavam anteriormente sozinhos e resolveram se aliar. Eles se reuniam no quintal da casa de um deles, trazendo o material que tinham colhido e faziam a separação. Com as vendas, compravam coletivamente

O CATADOR E O PRESIDENTE

arroz, salsicha, macarrão, pão, café. A comida era feita ali mesmo. Criaram esse hábito porque a ideia original era somente ter o que comer.

Passado um ano, em 2002, o poder público tomou conhecimento desse grupo de catadores que estava se mobilizando e a Prefeitura da Capela do Socorro resolveu convidá-lo para fazer a coleta de todo o resíduo reciclável gerado no autódromo de Interlagos durante o dia do evento de Fórmula 1. Eles eram 20 pessoas e dentro do autódromo trabalharam um fim de semana inteiro.

A quantidade coletada era muito grande e a prefeitura resolveu, então, ceder-lhes um terreno pequeno na Avenida Kennedy, perto da Represa do Guarapiranga, para ter onde depositar o material recolhido. Ali, fizeram a segregação, venderam e conseguiram um dinheiro razoável.

Acabaram ficando permanentemente com o espaço e foi doada uma prensa velha de madeira que tinha uma espécie de volante, pois era manual. Deram a essa parceria o nome de "Lixo por quê?". Nascia ali o embrião do que é hoje a Coopercaps.

Nesses tempos, Carioca trabalhava na firma do Sr. Abílio e tinha contato com vários ferros-velhos. Comprava material no terreno da Avenida Kennedy e acabou tendo contato com todo o grupo. Os cooperados comentaram que, a cada 15 dias, frequentavam um curso oferecido pela CUT, em que se ensinava como montar uma cooperativa. Os participantes ganhavam passagem de ônibus para ir até o curso e uma cesta básica.

A cooperativa foi constituída em 31/8/2003. Meses depois, em 15 de dezembro, firmou convênio com a prefeitura, que alugou um novo galpão, onde estão até hoje, e a partir de então assumiu despesas de luz, água e impostos. A Limpurb, órgão responsável pela limpeza urbana da época, passou a enviar técnicos para fazerem treinamento, capacitação, darem orientação sobre administração e produção.

Foram doadas três prensas, uma esteira, duas balanças antigas e uma empilhadeira elétrica. Eles montaram centrais de triagem equipadas, cederam uniformes, EPIs para os cooperados, também equipamentos básicos de segurança como extintores. Teve época em que colaboraram também com caminhão. Nessa ocasião, mais 14 cooperativas foram conveniadas com a prefeitura dessa mesma forma. Os termos dos estatutos de todas são rigorosamente iguais.

O primeiro presidente da Coopercaps foi o Sr. Édio, sucedido pela senhora Sandra, que trazia uma bagagem administrativa e financeira, o que lhe rendeu dois mandatos de sucesso. Seus ensinamentos significaram muito para o Carioca.

A Coopercaps tem como filosofia identificar no indivíduo suas potencialidades e a forma como elas podem ser trabalhadas no coletivo. A cooperada Gildete é um ótimo exemplo disso. Começou na esteira segregando materiais, porém, suas habilidades adquiridas anteriormente como bancária possibilitaram a ela exercer habilmente a função na área administrativa.

Tantos outros exemplos de pessoas que poderiam ter se desligado do grupo por inadaptação e foram remanejadas de postos e hoje trabalham com eficácia e felizes.

Buscando sempre melhorar a produtividade, a Coopercaps promove aos seus sócios cooperados constantes treinamentos, utilizando-se inclusive do apoio dos compradores, que orientam sobre a melhor forma de separação dos materiais, de maneira a agregar-lhes valor, e também fornecem equipamentos.

Porém, a realidade de uma cooperativa nem sempre é fácil. A instabilidade do fluxo de caixa, advinda muitas vezes da falta ou atraso de pagamento por parte dos compradores, gera reflexos imediatos no rateio da produtividade.

Como a crise de 2008, por exemplo, quando a oferta era maior que a demanda, as pessoas trabalhavam e, no final do mês, nada havia para receber. Nesse momento o número de colaboradores caiu de 100 para 32. Os cooperados choravam por não ter o que colocar na mesa em casa. Nem tiveram um Natal aquele ano...

Além das dificuldades econômicas, outras adversidades fazem parte do dia a dia de uma cooperativa. 2013 foi um ano difícil.

Naqueles tempos, havia muito assalto a cooperativas. Era junho e a cooperativa tinha sido convidada a fazer a coleta seletiva de uma grande festa junina que teria na cidade. A festa se arrastava por vários dias e o domingo seria o último dia, quando o caminhão iria buscar todo o resíduo coletado na festa pelos cooperados e cooperadas. E assim foi... Quando o motorista voltou para a cooperativa de madrugada, ao entrar, foi abordado. Obrigaram-no e também ao vigia a carregar com fardos de latinhas o pequeno caminhão vazio que trouxeram consigo. Além disso, levaram os computadores e reviraram a documentação.

Reergueram-se, compraram novos computadores, mas, passados poucos meses, ocorreu tudo outra vez. E nessa ocasião foi pior. Não ficou nada no lugar. Rasgaram documentos, levaram tudo, até a geladeira. Esparramaram pelo chão todo o alimento que lá havia para preparo de refeições. Quando chegaram de manhã para trabalhar, o vigia estava amarrado.

Após isso, passaram por um período desolador. Foi um baque terrível. Tudo o que tinha ali era de todos. Tudo o que seria reposto teria que ser subtraído do capital final dos rateios mensais. Tinham dúvidas e receio do que passariam. Foi um momento triste, mas de muita união. Todos acabaram compreendendo que tudo ali era um bem geral e que não era hora de se abater, era preciso força, coragem para reconduzirem tudo novamente.

Solicitaram então algum amparo à prefeitura, mas foi recusado. Aos poucos, com muito trabalho, esforço, compreensão, colaboração, uns ajudando os outros para ninguém se desalentar, reconstruíram tudo e a vida continuou...

Até hoje, são comuns assaltos em cooperativas com uma menor estrutura, sem conta jurídica, cujos cooperados não têm ainda conta bancária e o rateio é feito em espécie.

No início, o material vinha muito "sujo". Por sujo entende-se reciclável misturado a orgânico. Isso melhorou muito. Houve uma evolução na conscientização sobre o que é lixo e o que é resíduo. Encontrava-se literalmente toda sorte de matéria em meio aos resíduos: bicho morto, bicho vivo, feto, membro de corpo humano, janela, porta.

Na Coopercaps existem gatinhos que lá são criados que vieram no lixo e a mascote é uma cachorrinha de nome Madonna. Quando ela chegou, bem pequenina, ouvia-se um choro que vinha de dentro de uma montanha de resíduos. Chegou-se a pensar que se tratava de um bebê. Ela estava sem pele, enfraquecida, foi tratada e hoje é querida por todos.

Outro aspecto que melhorou também: teve um tempo em que os resíduos chegavam em caminhões compactadores. Carregavam até 6 toneladas de carga. O material vinha tão compactado que ficava difícil de segregar. A perda era grande. As cooperativas se uniram para reivindicar uma mudança. A nova lei proíbe uma carga maior que 3,5 toneladas, o que facilitou bastante.

Hoje, via de regra, os materiais têm uma qualidade bem superior. A população já tem uma educação nesse sentido ambiental e tende a lavar bem seus potes, suas embalagens, de modo a chegarem limpos às cooperativas.

Uma cooperativa tem como pedra angular um tripé: a preocupação social, ambiental e econômica. As pessoas vão para a cooperativa por questões financeiras. Em geral, chegam com um único intuito em mente, assim como as catadoras e os catadores fundadores da cooperativa: ter o que comer. Estão normalmente em situação de vulnerabilidade. A cooperativa, quando as aceita, insere-as num sistema formal de produção, trazendo de volta a autoestima e o prazer de viver.

Fato incontestável é a inclusão social por meio da coleta seletiva. A Coopercaps traz em seu histórico pessoas que conseguiram alcançar o tão almejado sonho da casa própria, outras reabilitar-se de sua dependência química, outras procurar a família que há muito não viam, outras contribuir para a formação universitária de seus filhos.

A impressão geral é que ganharam uma nova vida e uma causa para ela, orgulhando-se assim de se dar bom dia todos os dias no espelho, com a percepção de quanto o seu trabalho é importante para as gerações futuras e para o mundo como um todo.

É impressionante ver como os cooperados tornam-se educadores ambientais junto à sociedade, compartilhando suas vivências e mostrando com atos como é possível consumir de forma consciente.

Em 2009, a Coopercaps, juntamente com a Braskem, empresa brasileira do setor petroquímico, participou de um projeto inovador na Fórmula 1, na confecção do primeiro troféu de plástico do GP Brasil, produzido em uma usina montada dentro do autódromo a partir do resíduo reciclável gerado pelo pessoal que iria assistir à corrida daquele ano. Foi uma alegria geral e muito orgulho participar de um projeto tão arrojado e inusitado. Para abrilhantar ainda mais a iniciativa, o troféu foi desenhado pelo consagrado arquiteto Oscar Niemeyer.

A Coopercaps é uma grande família. Como toda família, às vezes tem briga, mas é um ambiente cordial e de amizade, onde todos se sentem em casa e acolhidos.

Muitos acabam trazendo familiares para trabalhar lá também. Essa relação acaba se estendendo à comunidade. Eles têm bastante proximidade com creches, igrejas, escolas. Muitos dos cooperados são pessoas do bairro.

Na opinião de Carioca, o melhor do ambiente de uma cooperativa é esse viés humano, essa convivência, esse espírito de colaboração coletivo, é ver as pessoas progredindo em sua vida, conquistando vitórias. O melhor de tudo é essa cumplicidade, em que o sucesso de um é de todos e o de todos é de cada um.

Troféu da Fórmula 1 desenhado por Oscar Niemeyer

Capítulo 16

CONSCIENTIZAÇÃO AMBIENTAL E RECICLAGEM

SACO PRETO
♫ *Música e letra: Silvia Moraes*

A9 E/G# G D/F# A9 E/G#
Pra onde a gente pensa que vai o lixo que a gente joga no saco preto
G D/F#
Vai pros aterros, vai pros rios
A9 E/G#
Saiba que entre o Brasil e a África
G D/F# A9 E/G#
Existem atóis de lixo onde os barcos encalham
G D/F#
Vai pros aterros, vai pros rios
A9 E/G# G
Vai pros mares, vai pro espaço , vai pros ares
D/F# A9
Vai pra todos os lugares
E/G# A9 E/G# D/F#
E volta pra nós
G D G D G A
Repete e na 2x E Voolta
G D G D G A
E voooolta
A9 E/G# G D/F#
(O mundo não tem onde jogar lixo nuclear)

Fica tudo exposto ao tempo
G
Fica tudo exposto ao ar

(O mundo não tem onde esconder

O mundo não tem onde jogar

O lixo fica no tempo
G F
O lixo fica no ar

A E A E A E G D A E A E G
Juscelino Raimundo Ramiro Gercina
D A E A E G
Rosa Maria Regina
Bm F#m
Que catam o que tem pra catar
C#m G#m Be
Catam na rua o que dá pra catar)
F#m
É debaixo de sol
C#m
É debaixo de lua
A
O lixo que (kl Voolta
G
Volta pra nós
A
Voolta
G
Volta pra nós)

A
No saco preto

O CATADOR E O PRESIDENTE

Na Antiguidade, romanos, egípcios, gregos e outros povos já associavam doenças a lixo, desasseio e água suja. Desenvolveram, assim, sistemas que se pode chamar de saneamento básico. Já possuíam diques, fontes, encanamentos, aquedutos, reservatórios, banheiros públicos, sistemas de captação de água.

Depois disso, na Idade Média, chamada pelos iluministas de a Idade das Trevas, o mundo eurocêntrico regrediu cultural e cientificamente, criando uma era de atraso e declínio. As ruas eram cobertas de fezes. Tudo o que o mundo já sabia anteriormente sobre higiene e saneamento foi ignorado, gerando uma época de grandes epidemias como a peste negra, lepra, cólera, tifo e um retrocesso sanitário total.

Na idade moderna, com o Renascimento, houve um avanço, com a invenção do vaso sanitário e ressurgimento da canalização.

Porém na Idade Contemporânea, em que vivemos hoje em dia, um novo problema surgiu após a Revolução Industrial e também a Tecnológica: a poluição em massa. Ar, água, rios, mares, oceanos, terra, solo, lençóis freáticos, florestas, cidades, mentes. Em pouquíssimo espaço de tempo, o ser humano deteriorou o planeta, está regredindo novamente cada vez mais e chegou a proporções absurdas e inaceitáveis de contaminação e desrespeito à vida.

É urgente um novo Renascimento, um novo "despertar"!

A humanidade precisa tomar cuidado! Não podemos dar espaço a ressurgir uma nova era das trevas, de ignorância, de incivilidade, de falta de urbanidade, de obscurantismo. Estamos agindo com desleixo e desídia, descuido e negligência, apatia e torpor. Precisamos acordar e agir enquanto é tempo!

Honra seja feita! Felizmente, existem milhares de atitudes, às vezes até heroicas, em prol da causa ecológica por parte de entidades, ONGs, empresas, escolas, governos e até pessoas individualmente que vêm fazendo a diferença e levando-nos a crer, com alegria e expectativa, que a Era do Despertar está por vir!

Há que se concordar que cada vez mais há gente levando a sério o tema ambiental e militando de maneira atuante, conforme vários exemplos que citaremos.

Stephen Hawking teria dito que é preciso colonizarmos outro planeta, pois este já está condenado. Vamos torcer para dessa vez o gênio estar errado.

A preocupação é se dará tempo de reverter. A resposta é sim, crê-se ainda ser possível! E a esperança reside na própria humanidade, a que está estragando tudo.

Nós, seres humanos, dotados de inteligência, às vezes até parece que não, saberemos optar pelo certo. A passos lentos, governos do mundo e o setor corporativo em geral, que têm maior poder de decisões e mudanças, já vêm percebendo a premência dos fatos e a realidade que diz: as commodities são finitas e ficarão escassas.

Em função de a demanda vir a ser maior que a oferta, o preço aumentará a ponto de inviabilizar a produção. E não estamos falando em centenas de anos, e sim num futuro mais próximo.

Os empresários já pensam seriamente e com preocupação a respeito e veem como solução um elemento-chave e estratégico chamado Economia Circular, que é o sistema fechado produção/consumo, a partir da recuperação, reciclagem e geração de energia.

Muitos deles já têm certeza de que essa é a saída salvadora e inevitável ao mesmo tempo, e já estão se movimentando em direção a isso. Essa proposta tem tomado corpo, prometendo se transformar em uma tendência global, trazendo também como benefícios geração de empregos e renda.

Peixes, tartarugas, baleias e toda sorte de animais aquáticos morrem infectados ou engasgados; gerações futuras em breve período de tempo não terão água limpa para suas necessidades básicas; o planeta sucumbe paulatinamente mais e mais e seus recursos estão se esvaindo...

Outro fenômeno muito ignorado por muitos é a bioacumulação de micropartículas de plástico que são ingeridas por peixes, pássaros e seres humanos. Isso não irá continuar por muito tempo, repetindo aqui, porque o ser humano é inteligente, perspicaz, engenhoso, inventivo e saberá sair dessa.

Outro pilar fundamental para essa mudança é a conscientização das crianças e das pessoas em geral. Existem várias escolas que adotaram a causa ambiental e levam essa consciência a seus alunos, mas o ideal seria constar a matéria Educação Ambiental, obrigatoriamente por lei, na grade curricular de todas as escolas, sem exceção, desde a mais tenra idade até o final do ensino médio, da mesma maneira como é incluída a matemática ou a língua portuguesa.

As crianças acabam levando esse conhecimento para casa, ensinando e conscientizando também os adultos. Essa é uma boa forma de, em um período relativamente curto, conscientizar as gerações futuras.

Quando o assunto é consciência ambiental, existem alguns conceitos básicos importantes a saber:

MEIO AMBIENTE: segundo a Organização das Nações Unidas (ONU), o meio ambiente é o conjunto de elementos físicos, químicos, biológicos e sociais que podem causar efeitos diretos ou indiretos sobre os seres vivos e as atividades humanas. Fazem parte do meio ambiente os vegetais, animais, micro-organismos, solo, rochas, água, ar, energia, radiação, descarga elétrica e magnetismo.

RECICLAGEM: é o processo de transformação de um produto usado que iria para o lixo em um produto novo a ser reutilizado. Diminui a quantidade de lixo que é jogada na natureza, a quantidade de energia e de matéria-prima tirada da natureza utilizadas para a produção de artigos novos.

RESÍDUO SÓLIDO: basicamente é a sobra de um produto ou de seu uso, como uma embalagem ou uma casca. Vulgarmente chamado de lixo urbano, o resíduo sólido é composto pela parte reciclável, a parte orgânica, que pode ir para a compostagem, e o rejeito, que deve ir para o aterro.

REJEITO: dentro dos resíduos sólidos, é o resíduo que tem realmente que ser encaminhado para um aterro sanitário ou incineração, pois não tem possibilidades de reaproveitamento.

ATERRO SANITÁRIO: é uma área licenciada por órgãos ambientais, impermeabilizada, destinada a receber os resíduos sólidos urbanos, basicamente lixo domiciliar, de forma planejada, onde o lixo é compactado e coberto por terra, formando diversas camadas. Reduz a poluição e a emissão de gases.

LIXÃO: grandes depósitos clandestinos a céu aberto que não oferecem nenhum tratamento adequado ao lixo e ao solo, contaminando a água, o ar, o solo, o lençol freático; atraindo moscas, baratas e ratos; favorecendo a transmissão de doenças como: dengue, febre amarela, febre tifoide, cólera, disenteria, leptospirose, malária, esquistossomose, giardíase, peste bubônica, tétano e hepatite A.

SUSTENTABILIDADE: sustentabilidade ambiental e ecológica é o conceito em que se mantém o desenvolvimento e a qualidade de vida das pessoas preservando o meio ambiente do planeta para as futuras gerações.

COLETA SELETIVA: é o recolhimento dos resíduos orgânicos e inorgânicos, secos ou úmidos, recicláveis e não recicláveis, recolhidos e levados para seu reaproveitamento. Evita a poluição do lixo jogado na natureza, que demora muitos anos para se degradar.

LOGÍSTICA REVERSA: é o sistema previsto em lei em que os resíduos sólidos voltam para a empresa fabricante para que elas deem um destino ecológico a eles: o reaproveitamento (reutilização ou reciclagem). É um processo conjunto, uma vez que a população consumidora tem que entregar, a cooperativa tem que fazer a triagem, o material tem que ser transportado e chegar até a empresa.

OBSOLESCÊNCIA PROGRAMADA: é a redução proposital da vida útil de um produto pelo seu fabricante para aumentar o consumo de versões mais recentes. O produto é desenvolvido para durar apenas um período programado. Com essa prática, o consumidor já compra um produto que tem validade mais curta do que poderia ter.

IMPACTO AMBIENTAL: é uma mudança (positiva ou negativa) no meio ambiente causada pela atividade do ser humano. A negativa origina prejuízos ao meio ambiente, às vezes irreversíveis.

LIXO ELETRÔNICO: material produzido a partir do descarte de equipamentos eletrônicos como computadores, celulares, tablets, geladeiras, fogões, micro-ondas, pilhas, baterias etc. É um tipo de lixo bastante preocupante, pois rapidamente são considerados obsoletos e geram um grande impacto ambiental, além de ser altamente contaminante para o solo por causa de seus componentes químicos (como mercúrio, chumbo, berílio etc.) se não descartado devidamente.

COMPOSTAGEM: é uma forma sustentável de tratar os resíduos sólidos orgânicos (restos e cascas de alimentos, folhas de árvores, restos de plantas) a partir de sua reciclagem, podendo ser feito em usinas de compostagem ou por meio da compostagem doméstica. O adubo natural gerado pode ser utilizado em hortas e jardins, sendo ótimo para a saúde. Se todo o lixo orgânico fosse utilizado por esse sistema, reduzir-se-ia a massa cujo destino é o aterro em até 90%.

PRECICLAR: ato de pensar antes de comprar.

ECONOMIA CIRCULAR: sistema já adotado por parte de algumas empresas, incluindo a logística reversa, a reciclagem e a reutilização de resíduos, eliminando desperdícios, visando ao "zero waste", gerando energia e mantendo a sustentabilidade ambiental, econômica e social.

Uma vez que já temos a tal consciência ambiental e já estamos cientes de nossa responsabilidade para com o planeta, como podemos ajudar e pôr a mão na massa?

A ação tem que ser coletiva, todos precisam estar lúcidos para o problema. Sabemos que estamos longe disso, mas é importante cada um fazer sua parte: cidadãos, empresas, professores, os governos, a mídia. Cada um tem que fazer o seu papel e trabalhar em conjunto; ensinando, divulgando e tratando seu lixo da melhor maneira possível. Só assim, a vida, o mundo, o planeta Terra, as pessoas e o futuro serão "sustentáveis".

Como o cidadão comum faz a sua parte? Existem muitas ações que fazem a diferença.

Primeiro é preciso ter sempre em mente que o lixo é uma produção do ser humano. Na natureza não há lixo e o processo é pensado de maneira minuciosa de modo a tudo voltar para a sua origem.

A matéria inútil gerada pelo ser vivo será útil para outro, formando um círculo irretocável de vida e harmonia. O oxigênio prejudicial às plantas é liberado por elas, e vai servir aos animais para respirar; e os excrementos destes (fezes, urina, restos mortais) nutrirão as plantas como adubo. É um método em que até o podre é benéfico, é útil, tem seu porquê.

A natureza sabiamente reaproveita, renova, refaz. A flor vira fruto, o fruto vira semente, a semente vira árvore, que dá flor de novo. Nada se cria, nada se perde, como alguém já observou. É um sistema perfeito, contínuo, eterno... A poluição também foi inventada pelo homem. Na natureza, se algo cai na terra, vira substrato, não sujeira e continua no ciclo da vida...

Para imitarmos a natureza e aprendermos com ela a manter o planeta saudável, podemos começar seguindo a regrinha dos "**5 Rs**". Essa regra começou com 3Rs, quando foi inventada, passou para 5, e hoje já se fala em muitos mais. No entanto, caso se ouça 7 Rs ou mais Rs, sabe-se que se trata da mesma regra.

Vamos nos ater aos 5: os 5 Rs fazem parte de um processo educativo que tem por objetivo uma mudança de hábitos no cotidiano dos cidadãos. A questão-chave é levar o cidadão a repensar seus valores e práticas, reduzindo o consumo exagerado e o desperdício.

A política dos 5 Rs prioriza a redução do consumo e o reaproveitamento dos materiais em relação à sua própria reciclagem.

R número 1: **Repensar.** Deve-se sempre analisar a necessidade de consumir determinado item, considerando que tudo o que se consome gera custo ao meio ambiente, pois, para fabricar e transportar, precisa extrair matéria-prima da natureza, precisa poluir e gera custo ao governo para aterrar ou reciclar. Evitar comprar produtos cheios de embalagens também é ser ecológico. Repensar sua maneira de consumir e descartar é fundamental. Observar desperdícios, compras por impulso, trocas desnecessárias de aparelhos. Já percebeu que exagero de roupas e sapatos já está ficando "cafona" e fora de moda? Você sabia que pontas de cigarro podem demorar até 2 anos para se decompor, um chiclete, 5 anos, uma caixa de leite, até 5 anos e plásticos, até 500 anos?

R número 2: **Reduzir.** Dar prioridade às embalagens retornáveis; usar refil, reaproveitando embalagens; no mercado já existem lojas especializadas em produtos sem embalagens, os modernos produtos "nus"; levar sua própria sacola às compras; não colocar os legumes em saquinhos nos supermercados; utilizar pilhas recarregáveis; utilizar lâmpadas mais duráveis; não tomar café e água nos famigerados copinhos descartáveis, carregando sua própria caneca; utilizar escova de dente de bambu, xampus e sabonetes em barra, produtos a granel; desapegar de um objeto seu com muito carinho para presentear, por exemplo, livros que já leu; procurar andar a pé ou de bicicleta sempre que possível (é bom para a saúde do planeta e para a sua).

R número 3: **Recusar**. Recusar consumir produtos que gerem impactos socioambientais, contribuindo para um mundo mais limpo. Preferir produtos de empresas que tenham compromisso com o meio ambiente e tomar cuidado com falsas "empresas verdes". Recusar aerossóis. Recusar talheres e canudinhos plásticos, inclusive colherzinhas de café.

R número 4: **Reutilizar**. Confeccionar produtos artesanais e brinquedos a partir de embalagens de vidro, papel, plástico, metal. Utilizar blocos de papel reciclável, fazer blocos de rascunho com o verso de folhas de papel cujo destino seria o lixo, reutilizar potes.

R número 5: **Reciclar**. A partir da reciclagem, evita-se consumo de água, energia e matéria-prima e gera-se trabalho e renda. Fazer em casa a coleta seletiva, levar material reciclável nos PEVs (Postos de Entrega Voluntária), reciclar as cascas e folhas em uma composteira caseira.

Essas são apenas algumas ideias. A nova consciência já dita regras diferentes e é preciso se atualizar no chavão menos é mais. Está surgindo uma nova ordem mundial e é interessante ficarmos antenados nela. Com observação e discernimento, é possível descobrir infinitas formas de ser moderno, evoluído, ecológico, consciente, inserido no mundo, deixar de ser um consumista inveterado e principalmente fazer a sua parte ambiental sendo merecedor de estar vivo sobre a Terra, aqui e agora.

Há algumas medidas e atuações, alguns exemplos a serem seguidos, do que tem sido feito positivamente:

> Existem nas universidades do mundo todo inúmeras pesquisas voltadas às questões ecológicas e do meio ambiente, assim como ideias para tentar encontrar algumas alternativas de solução desse assunto tão delicado e complexo. Os jovens têm grande enga-

jamento e por vezes preferem trabalhar em suas pesquisas com assuntos nos quais estejam envolvidos e nos quais acreditam.

> A Sinctronics, grande empresa no ramo de eletrônicos, no interior do estado de São Paulo, tem uma usina de reciclagem dentro da própria empresa. O processo recicla milhares de toneladas de celulares e outros eletrônicos por mês, que antes eram descartados indevidamente ou exportados a países que tinham a tecnologia. Por meio dessa empresa, tornou-se possível no Brasil a chamada mineração urbana, utilizando o método de economia circular, recuperando e reutilizando toneladas de minérios e plástico e trabalhando em parceria com mais de 15 universidades e centros de pesquisa.

> Já existem, na prática, elementos eletrônicos rastreáveis, de modo a impedir que eles acabem descartados indevidamente em lixões.

> Sistema Campo Limpo é o nome do programa brasileiro de logística reversa de embalagens vazias de defensivos agrícolas, em que 94% das embalagens de agrotóxicos têm destinação ambiental correta.

> Em 2002 foi criada a ZWIA, a Zero Waste International Alliance, ou seja, a Aliança Internacional Zero Resíduo, cujo objetivo é orientar qualquer entidade que se associe a ela a desenvolver o desperdício zero. Em São Paulo, o Movimento Lixo Zero segue essa filosofia.

> Hoje em dia, vem crescendo bastante o comércio voltado à não poluição. Trabalham com produtos reutilizáveis e a granel, e o público-alvo são pessoas adeptas do lixo zero e que não aceitam plástico em sua vida. O número de fornecedores já perfaz quase uma centena e é um mercado com forte tendência ao crescimento.

> Existem escolas que, além da educação ambiental e filosofia de lixo zero passada às crianças, dão o exemplo da prática, como cisternas

que captam água de chuva; hortas e composteiras manipuladas pelos próprios alunos. Muitas escolas ou professores também adotam ensinar essa consciência extracurricularmente.

> Existe já também o conceito Zero Waste na gastronomia, ainda não muito difundido entre restaurantes, mas que provavelmente no futuro passará a ser tendência.

> Já está funcionando no Brasil a primeira linha de envase de propano da América do Sul. O propano é um gás natural inofensivo à camada de ozônio e irá substituir (em refrigeradores de supermercados) o hidroclorofluorcarbono, um gás altamente poluente.

Poderíamos citar milhares de exemplos de atuações, práticas e resoluções por parte de ONGs, escolas, empresas, governos, pessoas, associações, mas não seria esse nosso foco. A ideia é deixar aqui a noção de que bastante tem sido feito e a fé, de que sim, com a colaboração e compreensão de todos, o mundo poderá ser um lugar melhor e menos arriscado para se viver!

Algumas curiosidades e dados no mundo:

> Estados Unidos, Japão e países da Europa são referências na gestão de resíduos urbanos. Têm participação ativa por parte do governo, organização social e investimento tecnológico na causa ambiental. A Alemanha é o país europeu que mais recicla, com cerca de 65% de eficiência. Nesses países, o problema dos lixões já foi solucionado, não existem mais. A Suécia recicla 100% dos seus resíduos há seis anos, e até compra "lixo" para gerar energia.

> O Brasil recicla 3% do seu lixo.

> Existem cidades em países desenvolvidos que aplicam um sistema com estímulo financeiro. Quem gera mais lixo, paga mais.

> No Japão, a matéria Educação Ambiental consta obrigatoriamente na grade curricular.

> A operação Cata-Bagulho é uma ação gratuita, promovida pela Prefeitura de São Paulo, realizada em todas as Subprefeituras, que tem como objetivo dar um fim adequado a materiais inservíveis como móveis velhos, eletrodomésticos quebrados e outros, evitando o descarte irregular, que é considerado crime ambiental, sujeito a multa de R$ 18 mil em caso de flagrante.

> O Ecopark é um projeto da gestão Bruno Covas, de tecnologia arrojada e inovadora, com o objetivo de tratar resíduos sólidos, diminuindo a carga dos aterros, com geração de bioenergia e compostagem. Estão sendo também construídos pátios de compostagem pela cidade. Já existem 5 e a meta é 17 até 2020. Os existentes já processam toneladas a cada dia de resíduos oriundos de feiras livres e podas de árvores.

> Ainda na cidade de São Paulo, o projeto Recicla Sampa, posto em prática há alguns meses, organiza de forma mais eficaz a coleta seletiva na cidade, trazendo melhores resultados na quantidade de resíduos coletados.

Quais medidas poderiam ser tomadas no Brasil a fim de alavancar de vez a reciclagem? Algumas ideias:

> A Controladoria-Geral da União avalia que, para o desenvolvimento sustentável avançar no país, precisa tornar-se prioridade no âmbito do governo federal e haver maior comprometimento por parte dos estados e municípios.

> É preciso haver uma revisão do papel das cooperativas em relação ao modelo de negócio seguido atualmente, migrando-as do quase assistencialismo a negócio.

> Haver incentivo no valor de embalagens recicladas.

> Maior fiscalização.

> Obrigatoriedade de logística reversa em todos os setores.

> Descontos em impostos para empresas que investem em pesquisa ligada a impacto ambiental e resíduos.

> Aumento massivo no número de centros de coleta. O ideal é não maior que 300 m das casas.

> Regulamentar a tributação para as empresas. Os produtos são taxados duas vezes, quando sai da indústria e como matéria-prima reciclada.

> Agilização na regulamentação para obtenção de licenças para processamento de reciclagem, que atualmente é complexa e lenta.

Capítulo 17

É URGENTE REAPRENDER A VIVER: O CONSUMISMO

Budismo: "A vontade de ser feliz causa a infelicidade"

O consumo basicamente é o ato de comprar bens materiais ou serviços para atender às necessidades básicas ou secundárias. O consumismo é o consumo exacerbado, irrelevante, excessivo, desmedido, é a compra da desnecessidade e do supérfluo.

A linha entre um e outro pode ser tênue, levando em conta que às vezes fica difícil diferenciarmos o que é imprescindível e o que é dispensável. Esses conceitos variam muito de pessoa para pessoa, entre épocas, entre culturas, entre classes sociais.

Nos tempos medievais, por exemplo, o açúcar era especiaria de luxo, exclusiva da nobreza. Hoje é produto barato corriqueiramente utilizado por todos; para uns, considerado essencial.

É razoável que sejamos otimistas, e quem sabe possamos sonhar com que talvez haja um balanço, um meio-termo, no qual poderíamos, todos, continuar a consumir de maneira sustentável, suprindo nossas necessidades e até mesmo alguns desejos, sem agredir nossa casa, o planeta Terra. Seria possível? Talvez com a colaboração e consciência de absolutamente todos: governos, empresas, cidadãs e cidadãos, sim. Mas é urgente que se comece, é urgente reaprender a viver e a se comportar...

É fato que a humanidade passou dos seus limites em termos de consumo. Esse crescente desenfreado chegou a níveis em que atualmente se calcula consumir 30% a mais do que o planeta pode suportar. O aquecimento global; a poluição do ar, da água, do solo; a finitude dos recursos naturais; o lixo gerado são algumas das muitas questões envolvidas.

Há quem tenha explicado o consumismo com uma interessante definição: "O ato de comprar o que você não precisa, com o dinheiro que você não tem, para impressionar pessoas que você não conhece, a fim de tentar ser a pessoa que você não é".

Nos tempos medievais, os bens de consumo eram sobretudo privilégio de reis, nobres e do clero. A vassalagem e os camponeses consumiam o mínimo necessário para viver ou até menos que isso. O mundo ocidental passou por diversos fenômenos históricos, culturais e religiosos que sustentaram mudanças profundas até se chegar na sociedade de consumo atual. Entre esses fenômenos, ao longo do tempo, podemos evocar de maneira breve: o surgimento da burguesia, a Revolução Francesa, a Reforma Protestante, a Contrarreforma e com uma influência ainda mais acentuada a Revolução Industrial.

A Revolução Industrial do século XVIII alterou de forma drástica a maneira como o ser humano modifica a natureza; permitiu o barateamento dos produtos de modo que milhares de trabalhadores e classes economicamente inferiores da sociedade pudessem comprar bens anteriormente destinados somente à classe mais rica.

Foram surgindo novas tecnologias que propiciavam a redução de custos. Reduzindo custos, incrementavam os lucros. Com mais lucros, produzia-se mais. Era preciso, então, desovar essa produção excessiva para gerar mais lucro e a máquina capitalista ser cada vez mais eficaz e sua engrenagem continuar girando.

Os compradores agora precisavam ser estimulados a adquirir produtos por meio de motivações psicológicas, a propaganda!

Foram-se reis, deuses e mitos; e a nova ordem mundial da Modernidade passou a supervalorizar mais a existência individual em detrimento do âmbito coletivo ou público.

Até hoje é discutido se a frase do economista Victor Lebow era uma palavra de ordem para o novo modelo econômico adotado

O CATADOR E O PRESIDENTE

no pós-guerra, se era uma crítica, ou uma simples análise do autor sobre o mercado. Mas, independentemente de suas razões, o texto define de maneira acertada e até profética o que estava por vir:

> *A nossa enorme economia produtiva exige que façamos do consumo nossa forma de vida, que tornemos a compra e uso de bens em rituais, que procuremos a nossa satisfação espiritual, a satisfação de nosso ego, no consumo. Precisamos que as coisas sejam consumidas, destruídas, substituídas e descartadas a um ritmo cada vez maior.*

Com o fim da Segunda Guerra Mundial, o capitalismo e o liberalismo deslancharam de vez espalhando pelo mundo a promoção das maravilhas do novo *"american way of life"*.

Ocorreu nesses tempos a ascensão da economia do Ocidente, dando origem à Era de Ouro do capitalismo, em consequência da junção de vários fatores: o culto ao ego, o individual, a produção cada vez maior de bens, a acessibilidade desses bens pela produção em grande escala, o aumento do poder aquisitivo, o uso dos meios de comunicação como forma maciça de propaganda, a necessidade de reerguimento a qualquer custo dos países devastados pela guerra. Desde então, nos meados do século XX, principiou a sociedade de consumo nos moldes que conhecemos atualmente.

No começo do século XX, as teorias de Sigmund Freud mudavam os conceitos existentes sobre a mente humana.

Em 1928, Edward Bernays, seu sobrinho, escreveu o livro denominado *Propaganda*, baseado nas ideias de seu tio e de Gustave Le Bom (que escreveu *A psicologia das multidões*). Apesar de ser pouco conhecido, Bernays é considerado um dos homens mais influentes do século XX. Chamado de "pai das relações públicas", foi uma espécie de pai do consumismo.

Ele partia do pressuposto de que as pessoas são irracionais e facilmente manipuláveis e acreditava que uma característica importante da democracia era a possibilidade de persuasão da mente pelos meios de comunicação. Aplicou isso na construção da propaganda.

Surgiu a partir de então, na sociedade "manipulável" de Bernays, por meio das técnicas psicológicas de domínio de massas aplicadas pelo mundo corporativo e político, a ideia do culto aos desejos individuais. Era e é até hoje cada vez mais incutido nos cidadãos e cidadãs, sensibilizando sua irracionalidade e seus instintos mais primitivos, o desejo de possuir, de consumir, de ter. Já não é questão de necessitar ou não, o importante é comprar. Fomentava, por intermédio da propaganda, a ideia da felicidade pessoal diretamente ligada ao consumo.

A massa, sendo manipulada como gado, aprendeu a substituir o objeto que ainda funciona e está novo por algo que é mais moderno, pelo aparelho lançado recentemente, pelo carro do ano. O ego fala mais alto que a consciência e até que o bolso. O importante é ser alçado ao topo da cadeia socioeconômica, focar as aparências, sobressair-se aos excluídos, manter o status, ser o primeiro a ter o mais atual e mais caro.

O produto não é mais um bem de utilidade, e sim um item de diferenciação de classes sociais, um objeto de inclusão. A renovação dos bens consumíveis supérfluos inclusive promove a distinção.

As classes menos favorecidas tentam imitar. Copiam celebridades de TV e do cinema, o corte de cabelo, as roupas, os sapatos.

O ser é substituído pelo ter, e o ter é substituído pelo aparecimento. É preciso estar repondo sempre. A moda muda. Nossa identidade é determinada pelo mostrar, ostentar causa bem-estar ao ego.

Tornamo-nos uma máquina ininterrupta de comprar. Nossa consciência é controlada por meio da publicidade da ideologia do consumo, que produz constantemente novos desejos e aspirações. Nossa alienação em plena atividade inconsciente, mediada por mensagens e imagens, expressa-se da seguinte forma: quanto mais contempla e deseja, menos vive. Quanto mais se projeta naquilo que lhe é convencido (de que o inútil é necessário), menos compreende sua própria existência e, assim, mais é manipulado, robotizado. E o ciclo se repete, se repete, se repete...

Ao longo do tempo, a selvageria se aprimorou de modo a conduzir cada vez mais ao consumo. A obsolescência é o processo ou estado daquilo que se torna obsoleto. Esse conceito hoje em dia está muito associado à evolução tecnológica. A obsolescência programada, por exemplo, é a decisão do produtor de deliberadamente desenvolver e produzir um produto com tempo de vida útil bem menor do que poderia fabricar, para forçar a reposição por um novo. Um bom exemplo hoje são os eletrodomésticos. A primeira referência de que se tem notícia na história sobre obsolescência programada, quando, dizem, foi inventada, foi em 1925, quando em Gênova, na Itália, os fabricantes de lâmpada fizeram um acordo secreto determinando a diminuição do filamento de tungstênio dentro da lâmpada, o que ocasionaria seu rompimento e então inutilização do produto, para poder ser reposto. A tecnologia da época já permitia o fabrico de lâmpadas quase eternas. Nos Estados Unidos, na cidade de Livermore, na Califórnia, existe a "Centennial Bulb", a lâmpada centenária, acesa desde 1901 ininterruptamente. É a prova cabal de que uma lâmpada poderia durar muito mais que a existência de uma pessoa.

O espanhol Benito Muros recentemente desenvolveu uma lâmpada que dura 100 anos e recebe ameaças.

Outro tipo de obsolescência é a perceptiva, quando o consumidor troca o bem, mesmo com o antigo funcionando. Foi inventada também na década de 1920 pelas montadoras de veículos norte-americanas, que passaram a lançar um modelo novo a cada ano.

E existe ainda a obsolescência funcional, quando o fabricante para de produzir determinado item por ter havido uma evolução tecnológica. Se torna mais caro consertar o velho do que trocar ou nem mesmo se encontra peças de reposição.

O objetivo é que tudo se torne transitório e descartável. O que era novo há pouco tempo passa a ser ultrapassado, fora de moda, desclassificado, portanto, desvalorizado.

Zygmunt Bauman, um dos mais importantes sociólogos e filósofos contemporâneos, discorre sobre aquilo que ele chama de "modernidade líquida", a época em que a sociedade diminui a importância dos valores da religião, da família, das relações, e a vida individual ganha espaço. Para ele, somos a civilização do excesso, do supérfluo, do refugo, da remoção, tudo tem prazo de validade e nada é insubstituível. Jean Baudrillard, outro importante sociólogo e filósofo de nossa era, atenta para a obsolescência de acordo com a classe social. O ritmo alucinante de remoção e descarte. O sonho em curto espaço de tempo vira lixo. A afirmação de poder, a necessidade de superioridade, o luxo gratuito, o desperdício ostentatório, o distanciamento social, o medo de rejeição, são a real razão desse consumo desenfreado, e não exatamente o motivo material, para então tudo terminar em lixo.

O caminho da cadeia produtiva de um bem de consumo passa por várias etapas de degradação do meio ambiente: exploração de recursos naturais, consumo de energia na produção, consumo de energia e poluição no transporte e armazenamento, transformação em lixo indo para aterro ou incineração. O crescente consumo significa crescente extração de matérias-primas da natureza, crescente emissão de poluentes, crescente geração de lixo, aquecimento global, porém nosso planeta tem recursos finitos.

Estima-se que nos Estados Unidos 99% do que é produzido vira lixo em 180 dias (6 meses). Somente 1% permanece.

A propaganda prega a felicidade relacionada ao consumo, mas o que se vê é o contrário. Nos Estados Unidos, a partir da década de 1950, quando o consumo explodiu, o grau de felicidade diminuiu em escala diretamente proporcional ao aumento de consumo. A vida virou um círculo vicioso, de ter que trabalhar mais para comprar mais. A propaganda mostra que o bonito é o que está nas lojas, e nunca em casa, tornando as pessoas mais infelizes. O tempo para família, amigos e lazer diminui.

O consumismo muitas vezes leva a uma patologia comportamental, gerando acumuladores, pessoas que compram compulsivamente.

A suposta felicidade trazida pela aquisição de bens é transitória, levando a um círculo vicioso de compra-felicidade-frustração -compra-felicidade-frustração...

Já passou do momento em que a humanidade precisa repensar. Algo tem que ser revisto. É urgente reaprendermos a viver...

Capítulo 18

PNRS

É com muito orgulho que participo dessa cerimônia em que, finalmente, sancionamos a Política Nacional de Resíduos Sólidos. Simboliza a vitória das entidades que trabalham nessa área. A adoção de uma lei nacional é uma revolução em termos ambientais. O maior mérito é a inclusão social de trabalhadores e trabalhadoras que, por muitos anos, foram esquecidos e maltratados pelo Poder Público. Ela está de acordo com a missão do nosso governo de fazer o Brasil crescer para todos, respeitando o meio ambiente.

(Palavras de Luiz Inácio Lula da Silva, em 2 de agosto de 2010, ao sancionar a lei de Política Nacional de Resíduos Sólidos)

Há 50 anos, nossa avó colocava a garrafa de leite vazia na soleira da porta à noite e de manhã pegava a garrafa cheia, e também o pão quentinho. Passava o leiteiro, o padeiro. A manteiga ela fazia em casa mesmo, com a gordura excedente do próprio leite fervido. Comprava os grãos de café, os torrava e moía. Estava pronto o café da manhã com tudo fresquinho! Os ovos, a verdura e as frutas vinham do quintal.

Mais tarde, ela ia ao armazém com a sua sacola de tecido e ali dentro trazia farinha, feijão, açúcar a granel. Eram outros tempos e, sem saber, fazia a coisa de maneira certa. Não jogava os vidros, mal se utilizava o plástico. Não havia quase embalagens. Ela praticamente não gerava resíduos.

O ser humano quando criado foi inserido em meio à natureza como qualquer outro animal. Os restos de sua alimentação e suas excreções voltavam para a natureza sem nenhuma forma de poluição.

Após a sedentarização do homem na agricultura, surgiu algo inédito: as ferramentas, aparecendo assim também os primeiros resíduos sólidos. Após isso, novas inovações como moradia, vestimentas foram criadas. Ao longo do tempo, junto às ferramentas, vieram as máquinas e o plástico (uma nova forma revolucionária de resíduo) até chegarmos aos dias de hoje, a era dos descartáveis, da obsolescência programada (não durabilidade proposital dos produtos).

Com o "progresso" ocasionado pela Revolução Industrial, quando se começou a queimar carvão e óleo de maneira desmesurada, com o crescimento populacional e o desenvolvimento dos transportes e das cidades, surgiu uma nova mentalidade de consumo e um aumento descomunal da geração de "lixo", principalmente nas últimas décadas, após a Era Tecnológica e a globalização. Em termos gerais, a humanidade vive um paradoxo hoje, do qual muitos nem têm consciência. O desejo ilimitado de produção cada vez mais e melhor e ver o planeta sendo consumido pouco a pouco em virtude dessa produção.

Despontou no Brasil, a partir desse cenário, uma preocupação sobre a necessidade da elaboração de uma nova lei que refreasse e tentasse reverter o triste panorama que a má gestão do lixo estava provocando: contaminação do solo, das águas e dos lençóis freáticos; emissão de gases gerando a poluição do ar das cidades e o efeito estufa; obstrução de galerias pluviais causando inundações; poluição dos oceanos afetando a vida marinha; proliferação de doenças a partir do lixo e reflexo direto na saúde geral etc.

Em agosto de 2010, no Governo Lula, foi sancionada a Lei 12.305/10, que estava parada no Congresso havia 19 anos. Essa lei define as diretrizes para que o país, os estados e os municípios possam fazer a gestão de resíduos sólidos de uma forma ampla. Não somente de resíduos sólidos urbanos, mas também os de construção civil, os resíduos industriais e o lixo hospitalar e os resíduos ditos perigosos.

Com essa lei, é instituída a Política Nacional de Resíduos Sólidos (PNRS). O que está em jogo nessa lei é a sustentabilidade ambiental que vinha sendo perdida.

Urgia a necessidade de novas regras para tentar-se implementar uma nova conduta cultural com métodos então inovadores, como a coleta seletiva, a logística reversa, a responsabilidade compartilhada, inserindo os conceitos de redução, reciclagem e reaproveitamento de resíduos ao cidadão consumidor.

A PNRS é extensa e trata sobre vários tópicos, podendo-se destacar a redução de geração de resíduos e posteriormente o tratamento e destino adequado destes.

A lei enuncia: "Na gestão e gerenciamento de resíduos sólidos, deve ser observada a seguinte ordem de prioridade: não geração, redução, reutilização, reciclagem, tratamento dos resíduos sólidos e disposição final ambientalmente adequada dos rejeitos".

A PNRS procura organizar a forma com que o país lida com o "lixo" e exigir dos setores público e privado e população, transparência no gerenciamento de seus resíduos.

Essa lei veio para corrigir a ausência de regulamentação para o tratamento apropriado do "lixo" no país. A PNRS foi revolucionária, um marco fundamental divisor de águas, para que o Brasil começasse a tomar consciência da importância de cuidar de seu meio ambiente e de seus resíduos e entender que se trata de saúde e sobrevivência, do sagrado direito futuro de existência da espécie.

A lei foi muito bem pensada e elaborada e previa que até 2014 todos os municípios já estivessem adequados a ela e não houvesse mais lixões no Brasil. Também que até 2012 todos os municípios tivessem um plano de gestão integrada de resíduos para poder continuar a ter o incentivo financeiro do governo federal.

O que ocorreu de fato é que um pouco mais da metade deles não conseguiu cumprir essa meta. Um grupo de prefeitos resolveu então se associar para reivindicar a prorrogação do prazo. O prazo dos lixões foi postergado no Congresso para acontecer de forma escalonada até 2021.

A realidade do que acontece em nosso país ainda está muitíssimo aquém do que reza a lei. Como muitas leis no Brasil, que no papel são bem idealizadas, mas na prática não funcionam, a lei da PNRS teria tudo para pôr o Brasil nos eixos ambientalmente falando, porém, um círculo vicioso envolvendo a inépcia ou indiferença de seus três atores corresponsáveis fez com que a reciclagem ficasse estagnada e a lei não conseguisse ser implementada de fato.

Em 2019, existem ainda no país 3 mil lixões em 3.331 municípios. Eles recebem 30 milhões de toneladas de resíduos por ano. Se fosse reciclado, todo esse resíduo geraria bilhões de reais ao ano.

O governo federal ao longo dos mandatos não se esforçou muito em seu papel de divulgar sobre a necessidade de coleta seletiva por parte da população e de informar a sociedade da importância da reciclagem e da mudança para hábitos mais convenientes em termos ambientais. Também não houve cobrança, punição, apoio de infraestrutura e fiscalização por parte dele.

As prefeituras não destinam seus recursos para o setor ambiental. Houve um descaso e uma não priorização desse setor.

Existem algumas empresas realmente preocupadas e que fazem sua parte, mas a maioria, uma vez não fiscalizadas nem punidas, muitas vezes somente se interessam pela causa ambiental por interesses de imagem e marketing junto aos consumidores.

Sociedade: segundo pesquisas, praticamente toda a população concorda que a causa ecológica e a reciclagem são importantes, mas 75% assumem que não participam da coleta seletiva. Com essa falta de adesão e de consciência por parte dos cidadãos, falta material para que o processo de reciclagem saia dessa quase inércia.

Na cidade de São Paulo, por exemplo, teve um aumento ínfimo de 1,8% para 6% de lixo reciclado. Das 12,5 toneladas/dia de resíduo sólido geradas, somente 35% é passível de ser reciclado, ou seja, por volta de 4,3 toneladas. Somente 6% é reciclado, aproximadamente 0,26 toneladas. E São Paulo é uma das cidades mais avançadas em relação à adequação à lei e à reciclagem. A cidade de São Paulo trata de seu lixo de maneira apropriada, com aterros sanitários há mais ou menos 50 anos. Em São Paulo, já não há mais lixões há muito tempo.

As principais abordagens da lei dizem respeito a:

1. Logística Reversa e Responsabilidade Compartilhada pelo ciclo de vida dos produtos

A responsabilidade de um resíduo que acaba indo para local inadequado passa a ser de todos os envolvidos no processo desde a obtenção da matéria-prima até o descarte, passando pela produção e consumo; implicando o consumidor, o comerciante, o fabricante, o importador, o distribuidor e governos. Essa é a "responsabilidade compartilhada", em que poder público, iniciativa privada e sociedade dividem o comprometimento pelo retorno e destinação do resíduo sólido.

A lei define logística reversa como: "instrumento de desenvolvimento econômico e social caracterizado por um conjunto de ações, procedimentos e meios destinados a viabilizar a coleta e a restituição dos resíduos sólidos ao setor empresarial, para reaproveitamento, em seu ciclo ou em outros ciclos produtivos, ou outra destinação final ambientalmente adequada". Trocando em miúdos, é de responsabilidade do consumidor devolver o resíduo, fruto de seu consumo, ao comerciante, este por sua vez devolverá ao fabricante, que será responsável a dar o destino correto, pelo reaproveitamento ou reciclagem. Aos governos caberia a tarefa de informação, educação e divulgação à sociedade.

Pouca gente sabe que está cometendo um crime ao jogar uma pilha em um lugar qualquer. Segundo a lei, a logística reversa é obrigatória para materiais considerados perigosos: pneus; pilhas e baterias; embalagens e resíduos de agrotóxicos; lâmpadas fluorescentes, de mercúrio e vapor de sódio; óleos lubrificantes; eletrônicos e eletrodomésticos e seus componentes, e embalagens plásticas, metálicas ou de vidro.

Outros tipos de produtos têm isenção de obrigatoriedade, ficando dependente do critério e da consciência do fabricante executá-la ou não.

A implementação da logística reversa de uma forma mais intensa e efetiva parece ser fundamental para a sustentabilidade do planeta, pois, além de contribuir com a questão ambiental e sanitária, diminui a extração de matérias-primas da natureza.

2. Inclusão Social

Uma das prioridades da PNRS foi a reinserção social dos catadores dando reconhecimento à profissão e estimulando o funcionamento de cooperativas e suas associações, considerando o resíduo sólido reutilizável e reciclável como um bem econômico e de valor social, gerador de trabalho e renda e promotor de cidadania; promovendo capacitação técnica para a categoria; integrando os catadores e prestadores do serviço público da limpeza urbana à responsabilidade compartilhada pelo ciclo da vida de produtos; incentivando a parceria técnica e financeira do setor público com o privado para desenvolvimento de pesquisas na área de reciclagem.

No aspecto social, a lei focou a redução da pobreza, distribuição de renda e inclusão social, baseada em modelo sustentável de produção e consumo.

Com a lei, foi instituído também o Comitê Interministerial para Inclusão Social e Econômica dos Catadores de Materiais Reutilizáveis e Recicláveis (Ciisc), com participação integrada de vários ministérios.

3. Lixões

A lei definiu o prazo para o completo banimento dos lixões do país até 2014, sendo substituídos por aterros sanitários, preconizando um planejamento para municípios e estados. Como isso não foi cumprido, existe um projeto de lei sugerindo uma prorrogação até 2024.

A ideia é eliminar totalmente os lixões, que são verdadeiros depósitos a céu aberto de dejetos jogados sem nenhum critério, dando uma destinação certa ao resíduo, inclusive produzindo biogás combustível a partir deste.

O aterro sanitário é o sistema mais correto para dispensar os rejeitos. Por meio de uma manta impermeabilizada, evita-se a contaminação do solo e dos lençóis freáticos, faz-se a captação do gás metano impedindo que se polua o ar e utilizando-o como energia.

4. Sustentabilidade

Sustentabilidade é um termo usado para definir ações e atividades humanas que visam suprir as necessidades atuais dos seres humanos, sem comprometer o futuro das próximas gerações, garantindo a conservação dos recursos naturais do planeta.

Na prática, a sustentabilidade seria o ser humano conseguir conjugar a qualidade de vida que a raça humana adquiriu a partir de seus descobrimentos, invenções e conquistas, diferenciando-nos dos homens mais primitivos, e ter o desafio de tornar nosso planeta saudável novamente e continuamente habitável e acolhedor, sem danificar seus recursos naturais. Não é tarefa das mais fáceis, uma vez que depende de muitos, de todos e que dependeria de um esforço coletivo, com muitos percalços e adversidades a serem superados.

5. Educação ambiental

EM 1975, num seminário internacional na Iugoslávia, foi definido o conceito de educação ambiental, na famosa "Carta de Belgrado", um documento que foi um marco histórico no que se refere a questões ambientais em âmbito mundial. Mais que voltada somente ao meio ambiente e à questão ecológica, essa carta é um lindo e quase poético manifesto de esperança e confiança na humanidade. É quase uma forma de oração. Toda pessoa deveria ler um dia a Carta de Belgrado. Se em 1975 o que diz ali tivesse sido levado pelo menos um pouco a sério, o mundo teria tido uma história bem diferente.

Ela sentencia a necessidade de uma nova ética global por meio da educação ambiental com abrangência no campo da convivência humana, cooperação entre nações, tomada de consciência em relação à natureza, atitudes baseadas em profundo interesse pelo meio ambiente, pelas necessidades dos povos, pelas necessidades das pessoas, abarcando aspectos éticos, sociais, políticos, destacando tópicos como bem-estar individual e social, qualidade de vida, felicidade humana, respeito às culturas.

A educação ambiental desperta para a necessidade do desenvolvimento sustentável e para os perigos ecológicos pelos quais nosso planeta passa hoje: excesso de resíduos sólidos, poluição do ar, poluição das águas, desmatamentos, enchentes, precarização dos solos, quebras de barragens, caças e pescas predatórias.

Vale salientar que a Política Nacional também definiu termos antes pouco ou não utilizados como: área contaminada, ciclo de vida de produto, coleta seletiva, controle social, rejeitos, resíduos, reutilização, logística reversa etc.

Alguns exemplos destas definições elaboradas pela lei :

Ciclo de vida do produto: *"série de etapas que envolvem o desenvolvimento do produto: a obtenção de matérias-primas e insumos, o processo produtivo, o consumo e a disposição final".*

Reciclagem: *"processo de transformação de resíduos sólidos que envolve a alteração de suas propriedades físicas, físico-químicas ou biológicas, com vistas à transformação em insumos ou novos produtos".*

Resíduos sólidos: "*material, substância, objeto ou bem descartado resultante de atividades humanas em sociedade, a cuja destinação final se procede, se propõe proceder ou se está obrigado a proceder, nos estados sólido ou semissólido, bem como gases contidos em recipientes e líquidos cujas particularidades tornem inviável o seu lançamento na rede pública de esgotos ou em corpos d'água, ou exijam para isso soluções técnica ou economicamente inviáveis em face da melhor tecnologia possível*". Simplificando: o que é popularmente chamado de lixo é resíduo sólido, do qual grande parte é passível de reciclagem ou reuso. Exemplo: latinha de refrigerante que vai ser processada e recuperar seu metal para novo uso.

Rejeito: "*resíduos sólidos que, depois de esgotadas todas as possibilidades de tratamento e recuperação por processos tecnológicos disponíveis e economicamente viáveis, não apresentem outra possibilidade que não a disposição final ambientalmente adequada*". Após a lei, tecnicamente o termo "rejeito" ou "lixo" se refere somente à sobra com a qual não mais há mais o que fazer a não ser descartar.

Reutilização: "*processo de aproveitamento dos resíduos sólidos sem sua transformação biológica, física ou físico-química*". Exemplo: uma garrafa de bebida retornável.

A lei ainda define alguns tipos de resíduos sólidos especiais:

Os resíduos sólidos da construção civil, os chamados entulhos. A construção civil causa grande impacto ambiental, pois altera paisagens e gera muito resíduo.

Os resíduos sólidos hospitalares, chamados de lixo hospitalar, classificado em lixo infectante, que são separados e transportados para um destino específico.

Resíduos perigosos: podem ser corrosivos, reativos, tóxicos, provocar doenças e alterações no feto; apresentam maior risco à saúde e ambiente, são separados e transportados para um destino específico.

Resíduos sólidos das indústrias: lixo proveniente de qualquer processo industrial. Recebem tratamento especial para evitar a poluição do solo.

PONTOS POSITIVOS DA LEI:

A lei é em geral muito bem concebida e representa uma grande mudança histórica em termos ambientais. Apesar de na prática caminhar a passos lentos, foi um grande avanço. Antes dela, nada se falava sobre meio ambiente, ecologia, recicláveis, latas coloridas. A população aprendeu, ainda que não de maneira efetiva, que está inserida num ecossistema e que interage com ele. Se tivesse havido a preocupação do país, seus governos e cidadãos, em respeitar essa lei e a fazê-la valer, o Brasil estaria numa outra realidade muito melhor.

Um ponto bastante positivo foi a proibição do envio de rejeitos perigosos de outros países para o Brasil, uma prática indignante, repugnante e descabida.

Foi proibida a queima de resíduos a céu aberto ou em recipientes, instalações e equipamentos não licenciados para essa finalidade. Diminuiu muito essa prática após a lei.

PONTOS NEGATIVOS DA LEI:

A lei pouquíssimo fala e importância nenhuma dá ao consumo consciente e sustentável. Seria de vital importância discorrer sobre esse tópico, que faz parte da prioridade "reduzir", pois, uma vez não havendo consumo, não há resíduo. Difícil descobrir as razões para essa ocultação.

A incineração que consta na lei é um processo que divide opiniões. Reduz bastante o volume dos resíduos e destrói os micro--organismos causadores de doenças provindos do lixo hospitalar, porém produz a dioxina, contaminante orgânico persistente que está entre as substâncias químicas mais tóxicas conhecidas atualmente. Requer cuidado especial quanto ao destino final das cinzas.

Não haver obrigatoriedade da logística reversa é a segunda grande lacuna da lei. Fica a cargo da empresa se vai ou não recolher o resíduo de volta, podendo acarretar responsabilidade de coleta e reciclagens sobre as prefeituras. Bons resultados ocorrem em logística reversa no ramo dos pneus, das latinhas, das PETs, porque seu retorno financeiro é viável. Deveria haver alguma forma de incentivo para produtos que não são tão lucrativos e acabam no aterro ou nos lixões.

A lei não se pronuncia e nada obriga sobre produtos importados.

A conclusão é que no Brasil só teremos um povo educado, conscientizado e civilizado com um esforço conjunto e integração de secretarias de meio ambiente, educação, infraestrutura etc.

Mais uma vez, salientaremos aqui a importância da matéria "Educação Ambiental" nas escolas. As meninas e os meninos dessa nova geração seriam os vetores e os futuros representantes de uma nova consciência. Também se fala em incentivo à sustentabilidade ambiental associada à sustentabilidade econômica. Quando se envolve dinheiro e lucro, a tendência de sair do papel e viabilizar é sempre muito mais exequível.

Foi-nos dado esse país tropical, abençoado por Deus e bonito por natureza, mas não lhe damos o devido valor e ele não pode ficar belo assim somente na canção...

Capítulo 19

A PROFISSÃO DE CATADOR E A INCLUSÃO SOCIAL

O catador é um profissional cuja responsabilidade é coletar e fazer a triagem de resíduos sólidos, sendo assim um agente de transformação social e ambiental, portanto, uma profissão de enorme relevância. Nem sempre, porém, a população em geral e o poder público tratam essa profissão com o respeito que merece, às vezes até com rejeição, não querendo compreender que se não houvesse essa atividade viveríamos todos dentro de uma montanha de lixo que seriam as cidades e quão crucial é esse trabalho no atual contexto de complexidade a que a humanidade contemporânea chegou.

A sociedade consumista que esparrama lixo aos quatro cantos da cidade e do mundo, esquecendo-se que, ao jogá-lo na lata, na caçamba, no chão, ele não se evapora magicamente, é a mesma sociedade que muitas vezes despreza ou não dá o devido apreço ao profissional que despolui tudo isso.

Durante a Assembleia Geral de Catadores da América Latina de 2012 na Nicarágua, foi decidido que um selecionador de resíduos é definido como "um trabalhador que lida com a recuperação, coleta, transporte, triagem, benefícios, transformação e comercialização de materiais recicláveis e reutilizáveis, e que ganha a vida desta maneira, sem explorar ninguém".

O Dia Mundial dos Catadores é comemorado em 1º de março em memória do massacre em Barranquilla, Colômbia, quando 11 carroceiros foram brutalmente assassinados. Em muitos países, os catadores comemoram esse dia em memória dessa tragédia, com marchas, entrevistas e festividades, também com a finalidade de promover maior visibilidade para a categoria e o reconhecimento da profissão e sensibilizar a todos sobre sua luta e valor social e ambiental.

A profissão de catador no Brasil, felizmente, já foi reconhecida, o que foi um grande avanço para a categoria, porém as condições de trabalho e renda ainda dependem muito de uma atuação mais eficaz por parte do governo e de uma conscientização maior por parte da sociedade.

Apesar dos números das pesquisas serem desencontrados, o Banco Mundial estima em aproximadamente 15 milhões de catadores em todo o mundo. "Não há fronteiras para aqueles que lutam" é o slogan da Aliança Global de Catadores (globalrec.org), que representa mundialmente esse contingente todo de profissionais.

No Brasil, o Censo Demográfico do IBGE de 2010 calculou um número próximo a 400 mil catadores em todo o país, 93% deles atuando em área urbana.

A mobilização dos catadores em nosso país ganhou força no começo do século XXI. A partir de organizações, cooperativas e associações, eles lutam por condições mais dignas de trabalho, melhor capacitação e renda, maior visibilidade, inclusão social e de cidadania, sem se esquecer das bandeiras da justiça social e ambiental.

A inclusão econômico-social de pessoas em situação de vulnerabilidade urbana é talvez o maior objetivo da classe. Eles esbarram em inúmeros obstáculos contra os quais batalham diariamente. A esses trabalhadores, pode faltar conhecimento e capacitação para o trabalho, e às vezes até mesmo a alfabetização.

Para essa inclusão ser possível, é necessário investir-se nesses aspectos pessoais, mas também na estrutura geral das cooperativas, como gestão, equipamentos, logística, condições de higiene e saúde.

Um estudo do IPEA, de 2012, avalia que no Brasil são aterrados por ano 10 bilhões de reais (em "lixo"), que poderiam ser gerados caso houvesse a reciclagem, reciclagem essa que, não

O CATADOR E O PRESIDENTE

acontecendo, faz com que percam todos, perde o Estado, perdem os catadores, perdemos nós contribuintes. Já passou da hora de perceber-se que "lixo" não é lixo, é luxo, é dinheiro e tem um potencial enorme de geração de rendimento e lucro.

Importante registrar aqui as experiências de alguns catadores da Coopercaps que se voluntariaram e generosamente nos contaram suas histórias, as quais, apesar de tão únicas e tão tocantes pela sua originalidade, parecem-se bastante entre si na dor e na beleza, mas principalmente por aquilo que todas, sem exceção, têm em comum: a superação por meio da cooperativa.

Seus relatos foram de suma importância para termos uma melhor percepção sobre o universo dos catadores e da inclusão social. Resolvemos então mesclá-las...

Colaboraram os seguintes cooperados: Renato, Viviane, Nair (a Naná), Alina, Juliana, Selma, Kátia, Gildete, Raimunda, Edmundo e Geralda.

Elas e eles estudaram até o nível fundamental ou médio, completo ou não, mas tem gente até com faculdade. Souberam da cooperativa, em sua maioria, por parentes (marido, esposa, sobrinho...) ou amigos. Estão lá há 2, 5, 10, 12 anos ou até desde o começo.

Vários puxaram carroça antes de ir conhecer a cooperativa ou já montaram suas próprias cooperativas que acabaram sendo fechadas, a maioria trabalhou anteriormente em diferentes tipos de empresas privadas, alguns na roça, muitos trabalharam desde criança para ajudar em casa, uns poucos se envolveram em crime, alguns moraram na rua, em favelas, outros já foram usuários de drogas.

Dos que puxaram carroça, o comentário é unânime: o sacrifício da chuva, do sol, da fome, da sede, do medo de atropelamento.

É coletiva também a gratidão à Dona Margarida e ao Carioca: "me ajudaram muito"; "como se fossem meus pais"; "são tudo para mim"; "se não fossem eles, talvez eu não estivesse viva"; "são conselheiros".

Absolutamente todos sentem orgulho de sua profissão, adoram seu trabalho e sabem de seu valor social e ambiental pelo que fazem.

Todos concordam que a cooperativa tem um ambiente de alegria e amizade. É uma grande família. Trocam experiências, vitórias, conversas, exemplos, ajudas, brincadeiras. Se identificam entre si.

A maioria é de São Paulo, mas também tem gente da Bahia e do Norte. Têm de 2 a 8 filhos.

Eles relataram, em geral, vidas sofridas, com perdas, traumas, decepções, desorientação, muitas dificuldades, mas, após chegarem à cooperativa, com anos de luta e trabalho, tudo isso foi suplantado. A partir dela, adquiriram casa; outros, carro; estudaram os filhos até a faculdade; obtiveram conquistas...

Frases de cada um:

Renato: "A Coopercaps é a minha casa. Meu luxo é meu emprego. É ter meus filhos fazendo faculdade".

Viviane: "A Coopercaps é uma mãe, tudo o que tenho devo a ela, até minha autoestima. Meu luxo é meu carro e meu orgulho é trabalhar na cooperativa".

Nair: "A Coopercaps é a mãezona da zona sul. É um guarda-chuva em termos de reciclagem que nos abriga. Meu luxo é contribuir com o meio ambiente e saber que fiz a minha parte, ajudando a fazer a diferença no mundo".

Alina: "A Coopercaps é minha segunda casa. Se Deus permitir, quero sair daqui somente quando eu fechar os olhos. Meu luxo é conhecimento e consciência. Antes daqui não tinha nenhuma noção sobre reciclagem e decomposição".

Juliana: "Através da Coopercaps, conquistei aprendizagem. Meu luxo é a minha casa com o quarto de meus filhos, tudo bem separado".

Selma: "A Coopercaps é tudo para mim. Aqui eu cresci como ser humano. Tudo o que tenho veio daqui".

Kátia: "A Coopercaps é um acolhimento, uma casa, uma vida. Meu luxo é meus filhos estarem bem, poder comprar o que eles pedem, além de minha casa".

Gildete: "O cooperativismo de reciclagem é o único meio de salvar o meio ambiente. Meu luxo é ver meus filhos formados na faculdade. E minha cozinha nova também".

Raimunda: "A cooperativa é meu orgulho, minha família, minha casa. Mudou muito minha vida. Meu luxo é minha geladeira, meu fogão, ajudar a limpar o planeta".

Edmundo: "A cooperativa limpa o meio ambiente e a profissão deveria ser mais valorizada, ter um status melhor. Meu luxo: comprei uma casa com o dinheiro que ganhei aqui".

Geralda: "A cooperativa é minha alegria, meu orgulho, meu futuro. Meu luxo: com meu trabalho, o planeta vai ficar mais limpo, adoro trabalhar. A cidade de São Paulo já não é muito limpa, imagino como seria um caos se não fôssemos nós".

Algumas declarações marcantes de catadores em palestras de eventos internacionais resumem também e tão bem tudo isso que estamos relatando:

"Trabalhamos com as mãos no lixo, de onde tiramos a dignidade de não ser parte desta sujeira social que não sabe dar valor ao ser humano, quando companheiros são mortos pela intolerância humana (no massacre de Barranquilla), uma doença mais suja que tudo o que a sociedade descarta, pois é pior ver um homem descartar a humanidade do que ver um ser humano buscando sua dignidade no lixo. Nós buscamos no nosso trabalho nossa dignidade, somos seres humanos, não deixamos que o lixo tape nossa visão e nem nos cubra de ignorância".

"Hoje sabemos a nossa importância. A nossa história, às vezes, não é bonita de ser contada, por ter vários capítulos ruins. Mas juntos vamos escrevendo nós mesmos tudo aquilo que queremos, que é a real mudança da sociedade. Não é fácil, a gente sabe, mas, a cada passo que damos, temos a certeza de que nos distanciamos daquele passado incerto. Avançando sempre!"

Momentos Coopercaps

Capítulo 20

O QUE ACONTECEU...

O período da pandemia considero que foi quando mais nós trabalhamos.

(pondera Carioca sobre a atividade da Cooperativa)

Quando chegou 18 de março de 2020, todas as cooperativas receberam um comunicado de que deveriam paralisar suas atividades por causa da pandemia, a fim de preservar a saúde e a vida das pessoas. Somente as duas centrais mecanizadas, por sinal, as duas primeiras centrais mecanizadas da América Latina, a Cooperativa Carolina Maria de Jesus e a de Ponte Pequena, que têm um contingente mínimo de pessoas, poderiam continuar em operação.

Elas passaram então a trabalhar sua capacidade máxima de 250 toneladas/dia cada uma, de material reciclado, e graças a elas a cidade de São Paulo não colapsou, no que diz respeito a acúmulo de resíduo sólido descartado. Além de tudo, o volume de resíduo gerado duplicou, devido aos novos hábitos de consumo durante a pandemia.

Essas duas centrais são gerenciadas pela Coopercaps, responsável pelo controle de qualidade e gestão comercial e toda a parte de vendas.

Dessa forma, magicamente, a coleta se manteve normal e também o trabalho dos garis seguiu como de costume...

Essa interrupção durou de março a novembro de 2020, perfazendo nove meses. Depois houve também um breve hiato entre março a maio de 2021, quando a pandemia voltou a preocupar.

O CATADOR E O PRESIDENTE

Durante o período de pausa, o ainda prefeito Bruno Covas determinou que seriam distribuídos R$ 1.200,00 para cada um dos mais ou menos 1.100 cooperados das 25 cooperativas da cidade de São Paulo. Esse recurso provinha do "Fundo Paulistano de Reciclagem", reserva de cunho socioambiental garantida em uma combinação da Coopercaps (Cooperativa de Coleta Seletiva da Capela de Socorro), como já sabemos, a "cooperativa do Carioca", a Amlurb (Autoridade Municipal de Limpeza Urbana) e secretarias da prefeitura de São Paulo. Essa gratificação foi a diferença entre as famílias conseguirem se manter nesse sombrio período ao invés de passarem fome.

Além desse auxílio, havia também a doação de mais ou menos quatro mil cestas básicas, que são distribuídas até hoje, não somente a cooperadas e cooperados e catadoras e catadores, mas se estendendo a igrejas, creches, comunidades carentes, desde abril de 2020.

A Coopercaps faz a administração, é gerenciadora e guardiã desse fundo defendido por um conselho de acompanhamento criado pela Amlurb em julho de 2017, composto por cooperativas, a própria Amlurb e secretarias da prefeitura e um catador representante.

Por conta da pandemia, quando do retorno da atividade, foi necessário criar-se um grupo coordenado por uma técnica de segurança, para as cooperativas poderem agir de forma segura. Foi preciso seguir-se um protocolo sanitário: máscaras, distanciamento, treinamentos, verificação de comorbidades, grávidas, obesos, pessoas acima de 60 anos, e um levantamento de quem precisaria ser afastado.

A prefeitura continua até hoje (2022) com uma forte colaboração para fortalecer cada vez mais a atividade das coletas e das cooperativas.

Na pandemia cresceu assustadoramente o número de pessoas catando resíduos na rua. É possível, no entanto, agrupar os distintos tipos de catadoras e catadores.

Há os catadores e catadoras clássicos, que normalmente envolvem a família e passam aos filhos seu ofício. Juntam seu material e entregam a ferros-velhos, sempre sem nenhuma perspectiva ou garantia do dia de amanhã.

Há os catadores e catadoras que acabam sendo incluídos nas cooperativas, tornando-se agentes ambientais, que se conscientizam do seu importante papel na sociedade e no meio ambiente, responsáveis pela separação, classificação e segregação de resíduos e já possuem a posição de cooperadas e cooperados.

Há os catadores que não são catadores, estão catadores, isto é, são aqueles que na pandemia estão passando fome e remexem o lixo a fim de obter qualquer forma de alimento que possa suprir sua necessidade. Assim que a situação melhora, arrumam emprego e deixam de ser catadores.

Na pandemia foi criado o projeto "Rede Transforma", cujo objetivo é dar visibilidade aos catadores, explorados por pessoas de ferros-velhos, para passarem a ser empreendedores ou serem inseridos dentro das cooperativas e se transformarem em cooperados, isto é, agentes ambientais.

Em outras palavras, o objetivo maior, a médio prazo, seria acabar com a tração humana, que é uma prática totalmente inaceitável, em todos os aspectos, e trazer essas pessoas a outras atividades dentro do cooperativismo. Esse é o grande desafio e sonho a ser alcançado.

O princípio número 1 do cooperativismo é: a livre adesão. O que quer dizer que o catador adere se quiser e ao que quiser. Ele tem a opção de se transformar em um empreendedor individual, trabalhar e colaborar de forma diversa de um cooperado.

Cada um tem o seu talento, sua aptidão e aquele tesouro velado de que falamos nas primeiras páginas desta obra. A liberdade é algo sagrado a ser respeitado; todos são livres ou devem escolher a forma como querem ou devem trabalhar. O importante é nos sentirmos úteis, livres e felizes; doutos de que aquilo que fazemos, que sentimos, que agimos, que pensamos, que colaboramos, que contribuímos, que cooperamos, que nos envolvemos, que nos associamos, que atuamos, que compomos; é exatamente aquilo que deveríamos...

Capítulo 21

O QUE VAI ACONTECER...

(Os desafios, projetos, sonhos, planos, prêmios e legado)

DESAFIOS

Segundo Carioca, o maior desafio, ambientalmente falando, seria conscientizar a população a se importar com o descarte correto, a consumir de forma consciente, combater desperdícios, focar a sustentabilidade, colaborar com a coleta seletiva e a reciclagem, consumir somente o necessário, rejeitando o supérfluo, utilizar produtos de embalagens 100% recicláveis. Essa conscientização passa por conhecimento, informação, por economia circular, por logística reversa. Assim sendo, engloba, como a própria lei exige, todos os setores; além da população, os fabricantes e o governo.

Somente com todos se sensibilizando para a causa ambiental é que a humanidade vai poder vencer essa luta. Muitas pessoas não sabem ou não querem saber do dano que causa, por exemplo, uma simples embalagem plástica, uma pilha ou uma garrafa com o descarte sendo feito de maneira imprópria.

É urgente uma mudança de atitudes e de hábitos.

Carioca pondera que o ideal seria que fosse inserida, obrigatoriamente, portanto, por lei, a questão ambiental na grade curricular em escolas privadas e públicas, desde a infância até a universidade. A adesão por parte das instituições de ensino atualmente é opcional.

Ele considera: "Se começasse agora essa obrigatoriedade, se formaria uma geração que, mais ou menos em vinte anos, teria outro tipo de comportamento e consciência em relação à natureza e às causas ecológicas". Sem citar que essas crianças, uma vez conscientes, seriam atores multiplicadores desse conhecimento e ao mesmo tempo "fiscais" das atitudes dos adultos.

Carioca considera as leis ambientais muito boas, porém falta material humano que fiscalize.

Em outras palavras, a falha está no tripé: educação, conscientização, fiscalização.

SONHOS, PROJETOS, PLANOS

"Engraçado, não estudei matérias pedagógicas na faculdade, mas não sei por que me sinto um educador." Diz Carioca quase que pensando alto. Ele não sabe por que, mas não é difícil descobrir de onde vem essa essência de querer ensinar, educar, passar ensinamento, ver crescer... Lembremos que o Sr. Telines pai, mesmo sem ter podido passar por uma educação formal, fundou uma escola para dar oportunidade a quem não podia estudar...

Telines filho, o nosso Carioca, ao longo dos anos, diz ter ouvido muitas promessas de políticos, que poderiam ajudar a pôr em pé ideias suas que mais pareciam um grande sonho, e na verdade eram; mas quem disse que os grandes feitos não começam nos sonhos? Ele não se conformou facilmente com promessas vãs...

Durante os treze anos em que esteve à frente da Coopercaps até agora, ele já viu, viveu e conviveu com muita coisa, com muita gente. Já transitou por muitos mundos, teve acesso a outras cooperativas, conheceu muitos grupos de catadores.

Refletindo sobre essas diversas vivências, pensou: "Graças à prestação de serviços das cooperativas ao município é que se mantém a cidade limpa, graças a elas aumenta-se o tempo de vida útil dos aterros sanitários. A capacitação profissional e a valorização da figura do catador nunca foram uma realidade, nunca chegou nem ao papel, para ser uma pauta a ser analisada por alguma gestão de prefeitura". Viu também a Coopercaps crescer, mas as outras cooperativas não crescendo no mesmo ritmo... tudo isso o entristecia.

Havia algo de muito errado e angustiante nisso. Tentou analisar por que as coisas aconteciam assim e resolveu abraçar uma causa, a causa de seu sonho: "é preciso união, é preciso criar uma associação, um sindicato, algo que agregue e nos faça ganhar força".

Foi assim que em 2022, no dia 6 de junho, foi criado o CRCC (Centro de Referência para Cooperativas e Catadores), que tem previsão de lançamento oficial no dia 30 de agosto desse mesmo ano, data significativa em que a Coopercaps comemora 19 anos. A previsão para o efetivo início de funcionamento já é para setembro.

O Centro conta com a participação de universidades, instituições ligadas a cursos profissionalizantes e o Sebrae (Serviço Brasileiro de Apoio às Micro e Pequenas Empresas).

Entre suas atividades estão:

- Ponto de atendimento jurídico e contábil;
- Orientação para revitalização de cooperativas, bem como despertar nelas seu lado empreendedor e auxiliar em novos projetos;
- Escola voltada à profissionalização da categoria, uma escola voltada ao catador;
- A partir de acordo com o governo, haverá salas de aula, com educação híbrida, também com a modalidade EJA (Educação de Jovens e Adultos);
- Curso técnico em administração, em reciclagem e em logística;
- Formação de tecnólogos em sustentabilidade, meio ambiente e economia circular.

Todas as cooperativas poderão participar, sem nenhum custo. Os recursos estão sendo captados por meio de empresas parceiras e é inclusive possível um logotipo de uma grande empresa multinacional ao lado do logotipo de uma cooperativa, em frutuoso resultado.

LEGADO

Carioca diz: "Deixemos um pouco de lado o nome da Coopercaps. Vamos pensar em algo mais abrangente".

Falando das cooperativas em geral e do CRCC, ele explica que trabalhar em uma cooperativa é uma experiência diferente.

A cooperativa é como uma família, existe um envolvimento humano maior. A prestação de contas, é tudo bastante transparente, o que entra é bem guardado, bem empregado, ali se sente que há um grupo com capacidade, todos se sentem respeitados, se vê que é possível conseguir uma vida melhor, ter dignidade.

O que mais o motivou dentro de seu sonho é que os catadores usufruam, se identifiquem com o local, se sintam em casa, se sintam acolhidos, encontrem força, capacitação, informação, que se percebam em sua real importância dentro da sociedade, para a cidade e para o ambiente; que entrecruzem teoria e prática, para que trabalhem não somente para tirar seu sustento, mas compreendendo seu papel e também para serem felizes. Que alguém sozinho ou em grupo que ali busque apoio sinta segurança e confiabilidade, sinta que não está só.

PRÊMIOS

Quando se pergunta ao Carioca sobre seus prêmios, que sabemos ser muitos, ele diz feliz:

"O meu maior prêmio é ver um cooperado realizar o sonho de comprar uma casa própria, um carro, uma motocicleta, no Dia das Crianças dar um baita presente para o filho, ter uma filha cursando a universidade..."

E completa: "O foco principal e maior de uma cooperativa é reciclar vidas...".

BREVE CURRÍCULO

Ana Maria Bernasconi nasceu em 1961, numa família de professores, em São Carlos-São Paulo. Sua formação multidisciplinar lhe permitiu dar um enfoque mais abrangente ao narrar a trajetória de Carioca neste livro. Graduada em Farmácia-Bioquímica, com especialização em Homeopatia, técnica em Turismo, Paisagismo, Gastronomia e Alta Cozinha, assim como muitas mulheres, aliou a maternidade às atividades profissionais. Com grau fluente em Francês, Inglês e Espanhol e intermediário em Italiano, atualmente cursa graduação em Filosofia. Encontra nesta obra a oportunidade de alinhar suas duas paixões: a escrita e a causa ecológica. Ambientalmente, acredita que atitudes como o flexitarianismo e o minimalismo, como adesão pessoal e medidas austeras adotadas por acordo entre os países em âmbito mundial, seriam a maneira de evitar catástrofes no Planeta.

AGRADECIMENTOS
À REDE SUL

Aparecida, amiga comum, apresentou-me a Carioca quando resolveu empreender o livro que havia idealizado sobre esta biografia. Comecei assim a fazer as gravações com ele e com os demais, já escrevendo em paralelo. Nossa ideia inicial era lançá-lo no final de 2019.

Enquanto isso, Aparecida e Carioca faziam movimentações em busca de patrocínio, porém antes que lograssem sucesso nesta missão veio a pandemia, que paralisou não só o mundo todo como também nosso projeto. O livro estava pronto, somente faltando alguns ajustes, mas ficou temporariamente adormecido.

Após dois anos e meio, em meados de 2022, Carioca nos trouxe uma surpresa: de que estava acordando não somente com a Editora Appris de Curitiba, como também com um patrocinador, a Rede Sul e, assim, finalmente o livro alçaria voo.

Apresento aqui, sinceras gratulações, em meu nome, de Carioca e de Aparecida, pelos essenciais apoio e fomento para esta, tão importante para nós três, concretização.

APRESENTAÇÃO DA REDE SUL

Criada em setembro de 2014, a Rede Sul, situada na cidade de São Paulo, é uma organização composta por Cooperativas de Catadores de Resíduos que possuem grande experiência na coleta, triagem e venda de resíduos recicláveis, que visa captação de projeto e parcerias em prol das melhorias do nosso setor.

Temos por objetivo a busca e articulação de apoios e parcerias que agreguem valores às cooperativas associadas e promovam o crescimento sustentável do negócio.

Comercializamos resíduos pós-consumo, tendo como público-alvo indústrias recicladoras. Todos os nossos resíduos são provenientes da coleta seletiva e da triagem realizada por cooperativas de catadores e o nosso trabalho está em sintonia com a Política Nacional de Resíduos Sólidos, a responsabilidade compartilhada pelo ciclo de vida dos produtos e a logística reversa.

Possuímos uma equipe multidisciplinar, contando com técnicos das mais diversas áreas, contribuindo para o melhor desempenho de nossos serviços e ações.